北京师范大学史学文库

晚清理学研究

史革新 著

商務印書館

2007年·北京

图书在版编目(CIP)数据

晚清理学研究/史革新著.—北京:商务印书馆,
2007
(北京师范大学史学文库)
ISBN 978-7-100-05341-9

I.晚… II.史… III.理学—研究—中国—清代 IV.
B250.5

中国版本图书馆CIP数据核字(2007)第002716号

WĂN QĪNG LĬXUÉ YÁNJIŪ
晚清理学研究
史革新 著

商务印书馆出版
(北京王府井大街36号 邮政编码100710)
商务印书馆发行
北京瑞古冠中印刷厂印刷
ISBN 978-7-100-05341-9

2007年6月第1版 开本880×1230 1/32
2007年6月北京第1次印刷 印张7⅛
定价:14.00元

《北京师范大学史学文库》总序

北京师范大学历史学系是中国高校最早形成的系科之一，由1902年创办的京师大学堂“第二类”分科演变而来。1912年称北京高等师范学校史地部，1928年单独设系。1952年院系调整，北京师范大学历史学系与辅仁大学历史学系合并，北京师范大学历史学系的师资力量与综合实力，由此得到了前所未有的加强，为日后的发展奠定了良好的基础。

在百年的演进历程中，一批享誉海内外的著名学者，如李大钊、钱玄同、邓之诚、朱希祖、王桐龄、张星烺、楚图南、陈垣、侯外庐、白寿彝、柴德赓、赵光贤等，先后在北京师范大学历史学系辛勤耕耘。经几代人的努力开拓，北师大历史学系学术积累丰厚，学风严谨，久已形成了自身的优势与特色。

如今的北京师范大学历史学系是我国历史教学与研究的重镇，学科门类大体齐备，师资力量较为雄厚，既有国内外知名的老教授何兹全、龚书铎、刘家和等，又有一批崭露才华并在国内外史学界颇具影响的中青年学者，综合实力居全国高校历史学科前列。在教学方面，我系的课程改革、教材编纂、教书育人，都取得了显著的成绩，曾荣获国家教学改革重大成果一等奖。在科学研究方面，同样取得了令人瞩目的成就，如由白寿彝教授任总主编、我系众多教师参与编写的多卷本《中国通史》，被学术界誉为“20世纪中国史学的压轴之作”。其他教师的学术论著也多次荣膺国内外各类学术奖项，得到学界好评。

北京师范大学历史学系业已铸就自己的辉煌，但学术的发展无止境。今天，中国社会政通人和，学术研究也日新月异，我们又面临着新的挑战与机遇。为了更好地传承先辈学者的治学精神，光大其传统，进一步推动学科与学术的发展，本系决定编辑《北京师范大学史学文库》，陆续出版我系学者的学术论著，以集中展示北京师范大学历史学系的整体学术水准。同时，相信这也将有助于推动我国历史学的发展。

商务印书馆向以奖掖学术、传播文化著称，此次《北京师范大学史学文库》的编辑出版，也承蒙其大力支持。在此，谨致由衷谢忱！

《北京师范大学史学文库》编辑委员会

本书序*

程朱理学在儒学发展史上占有很重要的地位，以致被称为“新儒学”。它在宋元明清时期被列为儒学正宗，支配中国社会思想长达数百年之久，影响深远。因此，学术界对程朱理学很是重视，研究者不少，著述甚多。就研究状况而言，其研究成果主要集中在论述宋明时期，间及清代前期。而于晚清理学，除个别人物如曾国藩外，其他几乎没有多少涉及，连基本面貌也不甚了了，更谈不到系统的学术专著。晚清时期，程朱理学虽然已是衰颓，在理论上无甚创造，但它作为一代显学，还是对这个时期的社会政治和思想发生了深刻的影响，具有自己的时代特点。对晚清理学进行研究，无疑很有必要。

史革新君是我的学生，在攻读博士学位期间，他选择了晚清理学作为博士论文的研究课题。经过他的辛勤努力，认真探讨，几经寒暑，终于撰成《晚清理学研究》一书。学术论著难以达到完美无缺的境界，不免会存在这样那样的不足或差错，《晚清理学研究》也是如此。但无论如何，这部著作的问世，终究是为理学和晚清学术史的研究增添了新的成果。

---

* 本书曾由台湾文津出版社出版，现经作者修订，出版大陆版。本序言是龚书铎先生当年为本书台湾版所撰写的。——编者

《晚清理学研究》首先对晚清理学的发展脉络作了清晰的阐述，勾勒出它从“复兴”到衰落的三个发展阶段的轨道，并介绍了各阶段的代表人物及其著述。其次，对晚清程朱理学与陆王心学、汉学、经世实学及西学的相互关系作了深入考察，从剖析它们之间既相互对立又相互渗透的复杂关系中，阐明了晚清儒学的基本走向。最后，书中还对晚清理学起伏兴衰的原因及历史特点进行了探讨，提出了作者自己的见解。综观全书，该书比较全面、系统地展现了晚清理学的基本面貌，对读者当会有所助益。

龚书铎

1992年8月10日

目　录

绪　论

理学兴起于两宋时期。自是时起，孔孟儒学便以理学的形式盛行于世，先后存在了大约700年之久。有清一代，尽管出现过后起的汉学(又称考据学)一度压倒理学的情况，但是这并未导致理学传统的中断。经过百余年的低落后，理学又在近代出现过一段“中兴”的局面。理学的重要性不仅在于它存在的时间较长，而且还在于它对中国封建社会后期产生了深刻而又广泛的影响，它是宋元明清时期最重要的一个儒家学派。而理学中的程朱学派，由于受到宋以后历代封建统治者的推崇，被尊为官方哲学，更是支配了中国意识形态长达数百年之久，对于中国封建社会后期的政治、经济、思想文化及对外关系的发展变化，起到了举足轻重的影响。可以这样说，程朱理学是自宋代以降中国封建传统文化的集中代表。正因为如此，理学一直是学界历久不衰的研究课题。

迄今为止，学界对理学的研究已经取得丰硕的成果，不仅有许多大部头的研究专著告世刊行，而且在不少研究领域的成果已经达到很高的水平，在学界占有重要的地位。然而，如果人们仔细分析一下这些研究成果，就会发现它们大都是对宋明时期理学的研究探讨，而对清代，尤其是鸦片战争以后的晚清理学发展变化，往往语焉不详，一笔带过，呈现出一种头重脚轻、虎头蛇尾的不平衡状态。

一般说来,理学发展到清代,就进入了它的衰落时期。陆王心学遭到士大夫们的猛烈抨击而被打入冷宫,程朱理学虽然受到清朝统治者的尊崇而一度兴盛,但很快又被声势浩大的考据学浪潮所淹没。在有清一代的理学营垒中,再也没有出现像周敦颐、张载、二程兄弟(程颢、程颐)、朱熹及王阳明等那样的思想大家。保守、褊狭、僵化的陈年积弊使理学的生命力日益消退。然而,这并不意味着清代理学没有它的独到之处,恰恰相反,清代理学自始至终地起着官方哲学的作用,并先后出现过两次发展的兴盛时期。一次是出现在康熙朝的兴盛,一次是发生在晚清咸同年间的所谓"复兴"。它在文化学术的整理、研究上虽然逊色于乾嘉汉学,但是在追求儒学的"外王"、"事功"方面却有很多建树,甚至可以说不亚于其前辈。特别是在鸦片战争以后的晚清时期,中国封建社会在外来冲击下逐步解体,使理学处于千古未有的大变局之中。在各种矛盾的碰撞冲突中,理学艰难竭蹶地应付着变局的洗礼,顽强地维护着自己的传统和特性,力求使自己尽量适应变化了的客观环境,维系行将崩溃的传统社会。这既有成功的一面,又有失败的一面,呈现出一种复杂化的状态。近代社会的发展给传统理学提出一系列的新问题,也迫使这个古老的学派不得不发生新的变化。这种变化,是宋明时期和清初时期的理学所不曾遇到、不曾有过的。因此,清代理学,尤其是晚清理学,不仅是宋明理学的继续和发展,也是这个学派的终结。这就使它一方面带有理学的普遍性,另一方面又具有鲜明的时代特征。了解和研究清代理学,特别是晚清理学,有助于从更加完整的意义上把握整个理学的思想特征和实质,更好地清理和总结传统的儒家思想学术,总结历史上发展文化学术的经验教训。

本书将着重对晚清的理学演变脉络、基本主张、时代特征等问题进行初步探讨，并就理学内部之程朱派与陆王派、理学与汉学、理学与西学等关系中的一些重要问题进行阐述，从而进一步考察理学在晚清变局中所起的作用和所处的历史地位，以对中国传统文化在近代时期发展的趋向作出说明。

本书所论及的时间断限，上限自嘉道年间起，下限至清朝垮台为止，前后历时大约八九十年。上限为何始自嘉道年间？因为作为清代学术主流学派的乾嘉汉学到这个时候已经暴露出许多弊病，受到许多学者的批评，逐渐由盛转衰，原来受到压抑和排斥的一些学派乘机萌动，如今文经学、程朱理学、诸子学、陆王心学以及经世实学等，都在此时受到人们关注，始得重新提倡。这就意味着原来以考据学为主体的学术格局已被打破，清代学术已经发展到一个新的转换时期。

理学并不是一个统一的学派，随着历史的发展，内部分化出许多彼此对立的派别。其中影响最大的有两个，一个是程朱理学派，一个是陆王心学派。程朱理学派一直受到官方的支持，是中国封建社会后期儒学中的正宗派别，在政治上、社会上拥有很大的势力和深远的影响。陆王心学派曾在明代后期盛行一时，清初时，因受到官方及民间部分学者的攻击而趋于衰落。直到嘉道年间，陆王心学才重被提起。然而，由于受到理学正统派——程朱理学派的压制，很少有人公开打出王学的旗号，陆王心学派的“复活”主要反映在一些对程朱陆王之争持调和观点的理学家的言论中。陆王之学的真正“复兴”是由光绪朝后期的新派知识分子所实现的，但此时情况已经发生了很大变化，所以这次复兴并未重蹈旧日的覆辙。

本书所论述的理学主要是它的主流派——程朱理学派。它是理学的主体,但不是全貌。这一点首先需要在此声明。

第一章　晚清理学兴衰概述

嘉道年间是清代学术的转换时期，也是晚清理学“振兴”的开端。经过嘉道两朝统治阶级的扶持和理学同仁的倡导，程朱理学在思想上和政治上，都聚积了一定的力量，发展成相当的规模。咸丰朝以后，中国的内外危机空前加剧，这给理学家们提供了参与政治的大好时机。由于他们打出了“卫道”的旗号，笼络士大夫阶层，并积极参与政治、军事活动，终于维持住了清王朝的统治，使理学出现了“中兴”的局面。咸同两朝是晚清理学发展的全盛时期，这种局面一直保持到光绪中期前后（大致以中日甲午战争为界）。光绪中期以后，在新兴资产阶级思想学说的冲击下，包括理学在内的传统儒学的统治地位受到沉重打击，迅速衰败下来，最后随着清王朝的垮台而丧失了在思想领域的统治地位，成为传统学术中的一个普通学派。本章将按时间顺序，就清末理学的基本发展脉络、主要人物与著作进行扼要的介绍，并对它的各个发展阶段的变化及其原因作初步说明。

一、嘉道时期理学的衰而复炽

清代理学经历了一个漫长而曲折的发展过程。如果把这个过程譬之为马鞍形的话，那么它在清初康熙时期和晚清咸同时期的发展，正好处于这个马鞍形的两个高峰，而在这两个发展高峰的中间，则经历过一段相当长的寂落时期。

清朝初年，以康熙帝为代表的封建统治阶级大力表彰程朱理学，重用熊赐履、汤斌、李光地、张伯行等所谓理学名臣，重新确立了程朱理学在思想学术领域中的正统地位。直到晚清，还有人对于康熙年间理学人才辈出的局面津津乐道，称：

> 洪惟我朝，正学昌明，人文蔚起。陆子、汤子及桴亭、杨园、仪封三子，实承斯道之正传。熊孝感、李安溪、朱高安诸元老，力为翼之。杨宾实、蔡梁邨、陈榕门诸君子，相与和之。故士有实学，学有成规。①

这便是清代理学发展中出现的第一个高峰。不久，考据学大兴，理学遭遇厄运，跌入低谷，被冷落了有百年之久。直到嘉道年间才有人再度予以鼓吹提倡，不意竟成潮流，终于导致了咸同时期理学"中兴"局面的出现。此乃清代理学所经历的第二次发展高峰。

理学在长达百年之久的时间里被考据学所压倒，又在嘉道年间卷土重来，并不是偶然的现象，是由各种社会历史因素决定的必然发展结果。

自乾隆后期始，清王朝统治危机开始暴露出来，到嘉道两朝，各种社会矛盾变得越来越尖锐，整个国家呈现出千疮百孔、江河日

---

① 黄舒昺:《国朝先正学规汇钞识语》，同治七年刊印本，湘潭绍濂书屋藏版。引文中所涉及诸人均为活跃在康熙年间的理学名家。其中陆子即陆陇其；汤子即汤斌；桴亭即陆世仪，号桴亭；杨园即张履祥，号杨园；仪封即张伯行，河南仪封人；熊孝感即熊赐履，湖北孝感人；李安溪即李光地，福建安溪人；朱高安即朱轼，江西高安人；杨宾实即杨时，字宾实；蔡梁邨即蔡世远，号梁邨；陈榕门即陈宏谋，号榕门。

下的衰败景象。当时的实际情况是政治腐败，社会黑暗，经济凋敝，军务废弛。官僚地主对广大人民强取豪夺，百般压榨，造成大量农民破产流亡，激起下层人民不断掀起反抗斗争。与此同时，西方列强急欲打开中国的大门，利用鸦片、商品、宗教、炮舰为武器，积极进行侵略中国的活动，使中国的民族矛盾迅速尖锐起来。内祸加上外患，进一步恶化了清王朝面临的危局。有人把中国当时的社会比做一位病入膏肓、四肢麻痹的垂危之人，"方今良法美意，事事有名无实。譬之于人，五官犹是，手足犹是，而关窍不灵，运动皆滞。是以当极盛之时，而不及四期，已败坏至此。"①这一形象比喻真可谓一针见血。

鉴于日趋衰败的国家局势，嘉道年间的许多有识之士积极进行反思，寻找社会危机产生的原因及解决的办法。当时绝大多数学者都是用传统儒家德治教化的观点来看待这些问题，得出了国家危机的原因在于"道德废，人心坏，风俗漓"的结论。沈垚在感慨"风俗人心，可慎之至"之后，提出整顿道德风俗是治天下的当务之急。他说："天下之治乱，系乎风俗。天下不能皆君子，亦不能皆小人，风俗美则小人勉慕于仁义，风俗恶则君子亦宛转于世尚之中，而无以自异。是故治天下者，以整厉风俗为先务。"②潘德舆则把社会风俗的败坏、道德人心的颓堕归结为乾嘉汉学对程朱理学的排斥。他说：

程、朱二子之学，今之宗之罕矣。其宗之者率七八十年以

① 张穆：《海疆善后宜重守令论》，《鸦片战争时期思想史资料选辑》，中华书局1963年版，第92页。

② 沈垚：《史论风俗篇》，《落帆楼文集》卷4，吴兴刘氏嘉业堂民国七年刊本，第2—3页。

> 前之人。近则目为迂疏空滞而薄之，人心风俗之患不可不察也。夫程、朱二子学圣人而思得其全体，所谓德行、言语、政事、文学，殆无一不取而则效之。……今人不满之者，每能确指其解经不尽吻合乎圣人，制度名物往往疏而不核，诚不为无见。不知此特二子之文学有所不备，而其德行、言语、政事，荦荦大者，固孔孟以后必不可无之……而七八十年来，学者崇汉唐之解经与百家之杂说，转视二子不足道。无怪其制行之日趋于功利邪僻，而不自知也。①

这种观点反映出当时不少士大夫的共同看法。

对风俗道德堕落的感怀很快转变为对程朱理学的提倡。在他们看来，“欲救人事，恃人才；欲救人才，恃人心；欲救人心，则必恃学术。”②所谓“恃学术”指的就是依靠程朱理学。关于这一点，关中理学家李元春讲得甚为清楚：

> 乃吾儒之学亦且分党而角立，指其名则有记诵之学，有词章之学，有良知之学，今日又有考据之学，而皆不可语于圣贤义理之学。汉儒，记诵之学也；六朝及唐，词章之学也；良知之学，窃圣贤之学而失之过者也；考据之学，袭汉儒之学而流于凿者也。独宋程朱诸子，倡明正学而得其精。通世顾横诋之亦大可感矣。③

这就是说，在各种学术中，只有程朱理学独得圣贤之学的精蕴，可以称得上是“正学”，具有充当“正人心，厉风俗，兴教化”的资格。

---

① 潘德舆：《任东涧先生集序》，《养一斋集》卷18，同治十一年刊本，第6—7页。
② 潘德舆：《与鲁通甫书》，《养一斋集》卷22，第18页。
③ 李元春：《学术是非论》，《时斋文集初刻》卷2，道光四年刻本，第1页。

与元、明两朝一样，清王朝统治者非常清楚利用程朱理学的政治意义，一直对它采取扶植的政策，极力维护其官方哲学的尊崇地位。这种情况即使在考据学盛行的年代也没有任何改变。乾隆帝继承了康熙帝崇理学的政策，多次下诏将书籍中“与程朱抵忤或标榜他人之处”，“即行销毁，毋得存留。”[①]有所不同的是，他在维护程朱理学的同时，也把考据学当成“正学”来加以提倡，企图使二者并行不悖，充当王朝“盛世”的点缀品。然而，理学和考据学各有自己独特的学术风格和社会功能。前者长于道德教化，后者重在古籍整理，都可以在笼络士人、钳制思想方面发挥作用。尤其在封建统治出现危机的时候，封建统治者便要调节文化政策，注重发挥程朱理学的教化作用，达到巩固自己统治地位的目的。在嘉道两朝，清王朝鉴于统治危机的不断深化，一再强调推行程朱理学的重要作用。嘉庆帝重弹当年康熙帝重理学的旧调，命令侍臣在经筵进讲的时候，增加讲授程朱理学的内容，以便做出提倡“正学”的风范。他还训诫皇子“惟当讲明正学，以涵养德性，通达事理为务，至词章之学，本属末节”。[②] 所谓“正学”就是程朱理学的代名词。道光帝对理学的提倡同样予以重视，他不仅号召士人学子多读程朱的著作，而且还采取了一些提高理学地位的措施。1823年（道光三年），道光帝采纳通政司参议卢浙的奏请，将清初理学名臣汤斌从祀文庙，排列在明儒罗钦顺之后。道光帝在

---

① 乾隆六年九月上谕，王先谦辑《东华录（乾隆朝）》卷14，光绪二十五年石印本，第17页。

② 《大清仁宗睿（嘉庆）皇帝实录》第3册，台湾文华书局1964年影印本，第1768页。

上谕中指出：汤斌"正色立朝，著书立说，深醇笃实，中正和平，洵能倡明正学，运契心传"。[1] 毋庸置疑，在当时的历史条件下，最高统治者的倡导具有很大的导向意义，往往对一种学风的形成起到关键性的作用。

经过百余年的发展，原来风行学坛的考据学暴露出不少弊端，已经成为强弩之末。它所具有的琐碎、褊狭、拙于思辨、漠视现实等缺陷引起许多学者的不满，逐渐成为学界批评、讥讽的对象，失去了往日那种对士子的吸引力。由于考据学作为乾嘉时代主流学派的地位发生动摇，再加上文字狱高潮过后出现的略微松动的政治局面，学术界开始活跃起来，一些原来被压抑或者受到排斥的学派开始萌动、复兴，以充实主流学派衰退后学术领域的空间。这些开始萌动、复兴的学派主要有今文经学、陆王心学、诸子学及程朱理学。就嘉道时期的情况而言，在这些学派中，从基础、影响、实力和政治地位等方面看，程朱理学占有得天独厚的优势。

在中国封建社会后期，尤其自明代以后，程朱理学已经渗透到文化教育的各个领域，在社会上有着深厚而广泛的基础和影响。从明代初年起，程朱理学的内容便被纳入科举考试之中，考试题目主要从《四书》中挑选，所论内容也要以朱熹的《四书章句集注》为准则，称为"代圣贤立言"，不许自由发挥。这就迫使人们必须从初学阶段起诵读程朱的著述，接受其观点，否则便没有进身的希望。这种情况在清代不仅得到全面继承，而且实行得更加彻底。

程朱理学还占据着书院的教育阵地。清初，鉴于明末出现的

---

① 《大清宣宗成(道光)皇帝实录》第2册，台湾文华书局1964年影印本，第907页。

书院林立、清议盛行的情况，清廷对书院讲学多有顾虑，未予倡导，后来出于推行科举制的考虑，才允许放宽，使书院在各地发展起来。这些书院虽然在形式上沿用宋明时代的制度体例，但是在内容上受到官方的严格控制，只许诸生在院肄习经史义理，充当科举制的附庸，而不许自由讲学。这种办学宗旨实际上把书院变成宣讲、传播程朱理学的场所。对于宣传理学所作贡献较大者，清政府还予以表彰。湖南岳麓书院曾经是宋代著名理学家朱熹、张栻讲学的地方，数百年来，一直保持着弘扬理学的传统。乾隆初，蒋溥出任湖南巡抚，继续在岳麓书院提倡程朱理学，受到乾隆帝的嘉奖。乾隆帝御书“道南正脉”以示表彰，这在当时是特殊的恩典。岳麓书院一直保持着比较纯正的理学传统，即使在考据学最风行的年代，这种治学传统也没有被改变。类似岳麓书院这样固守理学的教育机构在全国还有许多处。

我们还要看到，清代理学虽然经过乾嘉时期的低潮阶段，然而程朱理学的传统并未断流绝脉，仍然以各种不同的形式保持着一定的规模。有些论者在谈及清代学术的时候断言：“在十八世纪的整个知识界，程朱理学的权威早已失堕”，“程朱理学在学术界的实际地位甚为低下”。[①] 这种说法虽有一定的合理性，但是并没有完全反映历史发展的全貌。乾嘉时期，考据学如日中天，从者趋之若鹜，夺去了理学原来的不少信徒，但是在全国许多地方，仍有不少理学家不愿意随波逐流，固守着自己的学术阵地，如福建的阴承方、孟超然、陈庚焕；江苏的王懋竑、任瑗、朱泽沄；直隶的王植；江

① 周积明：《四库全书总目与十八世纪批判理学思潮》，《中国哲学史研究》1988年第3期。

西的陈道、邓元昌；陕西的孙景烈、刘绍攽；广东的曾受一；湖南的罗典；贵州的陈法等等。他们当中，既有学宗程朱的，也有宗程朱而兼采陆王的，他们以讲学论道、著书立说的形式，弘扬着理学的传统，与考据学分庭抗礼。

此外，清代的程朱理学还有一支友军，这就是雄据文坛的桐城派。桐城派是清代影响最大的一个散文派别，前后延续200余年，与清王朝的兴灭相始终。这个文学流派的代表人物，包括从康熙朝的方苞到乾隆朝的姚鼐，都一直强调"文以载道"的宗旨，高扬宋学的旗帜，坚持把义理、考据、词章并提的治学原则，保留了较多的程朱理学的思想传统。它的集大成者姚鼐，在众多士子都归向于考据学的情况下，敢于挺身而出，为程朱理学辩护，批评学界扬汉抑宋的倾向。姚鼐说："今世学者乃思一切矫之，以专宗汉学为至，以攻驳程朱为能，倡于一二专己好名之人，而相率而效者，因大为学术之害。"①他还指名道姓地批评了抨击理学最激烈的汉学大师戴震，说："近世如休宁戴东原，其才本超越乎流俗，而及其为论之僻，则更有甚于流俗者。"②这在理学备受排斥的情况下，确是一种骇俗异调。姚鼐在仕途上早年得志，中途弃官，在南京、扬州、徽州、安庆历主钟山、梅花、紫阳、敬敷等书院，门生弟子遍及大江南北。其中不少人都是兼修义理和文辞之学的名士，成为晚清时期倡导理学的骨干力量。他的原籍安徽桐城也成为传播理学的重要区域。桐城派在晚清理学"中兴"过程中所起的重大作用是不容忽视的。

---

① 姚鼐：《复蒋松如书》，《惜抱轩全集》，中国书店1991年版，第73页。

② 姚鼐：《程绵庄文集序》，《惜抱轩全集》，第207页。

乾嘉时代的汉学家并不全都对程朱理学采取水火不容的敌视态度。他们当中既有像戴震、章学诚那样激烈排宋的学者，也有主张对程朱理学采取保留和宽容态度的宿儒。汉学吴派奠基人惠士奇曾手书楹帖说："六经尊服、郑，百行法程、朱。"①他仍把服虔、郑玄等汉儒与程、朱相提并论，反映出他对宋学的尊重态度。戴震的老师江永曾著《近思录集注》一书，肯定了宋学。他在书序中说："道在天下，亘古长存，自孟子后，一线弗坠。有宋诸大儒起而昌之，所谓为天地立心，为生民立道，为去圣继绝学，为万世开太平。其功伟矣。其书广大精微。学者所当博观而约取，玩索而服膺者也。"在他看来，宋学继承了圣人之道的精髓，宋儒之书是一切学者的必读之书。这是在告诫治汉学的人不能忽视宋学而走向另一个极端。类似于惠士奇、江永这样的汉学家不止一二人。正是由于这些人的影响，在汉学的营垒中给宋学留下了一定的斡旋余地。

由于上述原因，程朱理学在嘉道年间的"复兴"便成为一个引人注目的现实问题了。

嘉道时期是晚清理学发展的第一阶段，也是咸同时期理学"中兴"的先声。最初，活跃在大江南北的一些名士宿儒首先提出振兴理学的要求，逐渐在士林中得到回应，于是，在全国一些地区形成了讲究理学的重要区域，涌现出一大批理学名家。他们公开打出捍卫程朱、振兴理学的旗号，不断向程朱理学的对立面——汉学和陆王之学发起攻击，从而为咸同时期"中兴"局面的形成奠定了政

---

① 江藩：《国朝汉学师承记附国朝经师经义目录·国朝宋学渊源记》卷上，中华书局1983年版，第154页。

治基础和思想基础。方宗诚曾对嘉道年间的理学萌动做过这样的描述：

> 嘉道间，海内重熙累洽，文教昌明，而黯然为为己之学兢兢焉。谨守程朱之正轨，体之于心，修之于身，用则著之为事功，变则见之于节义，穷则发之于著述，践之于内行纯一不杂。有守先待后之功者，闻见所及约有数人：长白倭文端公、霍山吴竹如先生官京师时，与师宗何文贞公、湘乡曾文正公、罗平窦兰泉侍御，日从善化唐确慎公讲道问业，不逐时趋。其时在下位者，则有湘乡罗罗山先生、桐城方植之先生、永城刘虞卿先生，俱无所师承，而砥节砺行，为穷理精义之学。①

这是就理学士人的个体活动而言，如果就学术群体的整体分布来讲，全国理学学者群体较为活跃的地区主要有陕西、安徽、河南、湖南等地。

陕西的理学家集中在关中地区。这里原是宋代理学四大流派之一——关学的发源地。关学创始人张载即陕西眉县人。张载创立的关学存在的时间不长，失传于南宋时期，然而关中讲求理学的风气并未因此而中断。明代时，关中地区涌现出吕柟、冯从吾等著名理学家。他们的理学思想主要是继承程朱派的学说，给关学打上深刻的程朱之学的烙印。冯从吾编写的《关学编》对宋、元、明三代关中之理学发展作了初步性的总结。书中虽然把张载放在开山祖师的地位，但所阐述的关学实际上是朱

① 方宗诚：《校刊何文贞公遗书序》，《何文贞公遗书》，光绪十年六安涂氏求我斋校刊本。

学化的关学。入清以后，关中不少学者十分重视发扬关学的传统。与孙奇逢、黄宗羲并称为清初“三大儒”[①]的李颙，就是清初倡导关学的理学家。继李颙之后，他的弟子王心敬，以及后来的刘绍攽、孙景烈、王仲复、王承烈等人，都以标榜理学为能，对关学的发扬光大起过一定的作用。在继承以上诸儒余绪的基础上，李元春等人开拓出晚清关中理学的新局面。

嘉道时期，在关中倡导理学的主要有李元春、路德等人，其中心人物是李元春。李元春（1769—1854 年，乾隆三十四年至咸丰四年），字时斋，号桐阁主人，陕西朝邑人，举人出身，当过知县、大理寺评事等官。辞官后在关中设学授徒，宣讲理学，迭主潼川、华原等书院。李元春早年从读明代理学家薛瑄的《读书录》入手，皈依程朱，精研性理之学。他治学十分注重分辨学术上的是非，尊崇朱子之学为正学，鄙薄华而不实的辞章八股为俗学。在学术上，他恪守程朱家法，以诚敬为本，兼顾本末、体用。他很重视振兴关学，编辑《关中道脉书》，收集了张载及张以后关中先儒的著述，并增补冯从吾编写的《关学编》，对关中理学的发展作了系统的整理和总结。他的大半生是在读书、著述和讲学中度过的。其著述十余种，计百余卷，主要有《诸经绪说》、《经传摭余》、《学荟性理论》、《春秋三传注疏说》、《关中诗文钞》、《青照楼丛书》等。他的弟子很多，大都究心于理学。能传其学者有贺瑞麟、薛于瑛、杨树椿等人。他们都是关中理学的后起之秀，在咸同时期对理学的振兴起到了重要作用。贺瑞麟对李元春在振兴关中理学中所起的作用有这样的评

---

① 全祖望：《二曲先生窆石文》，《清代碑传全集》上册，上海古籍出版社 1987 年版，第 645 页。

价：

> 桐阁先生之于关中，犹朱子之于宋，陆稼书之于国朝。宋以前诸贤之文章事迹，至朱子是一结局；国朝以前之文章道脉，至稼书是一结局。在关中前明时，冯少墟是一结局，本朝至桐阁先生又是一结局。其闻见之博，著述之富，真是不易得。[①]

与李元春同时期在关中倡导理学的还有周至的路德。路德(1784—1851年，乾隆四十九年至咸丰元年)，字闰生，陕西盩厔人。1809年(嘉庆十四年)进士。官户部郎中、军机处章京等职。病归后，潜心治学，主持过关中、宏道、象峰、对峰等书院。其弟子多达千数百人，后来的名臣阎敬铭亦为其高足。在学术上，他与李元春稍有不同，虽然学宗程朱，但无门户标榜习气，不排斥程朱以外的学派，对汉宋学持调和态度，强调实用性。除此以外，他还对诗词时文作过深入研究。他编辑的时艺选本风行一时，被应试诸生奉为圭臬。其主要著作有《柽华馆诗文集》等。总的来说，关中理学带有较浓厚的传统色彩，保持了清初北方学术质朴、敦厚和拘谨的风格，正统性、保守性比较突出。

在清代学术文化史上，安徽桐城具有特别重要的地位。这里文人荟萃，学者如林。嘉道以前，桐城派和汉学皖派都集中于斯；嘉道以后这里又成为讲求理学的重要区域，汇聚宋学、汉学和辞章之学于一地，集中了清代学术的精华。理学在这里发展起来主要是借重了桐城派的声势。桐城派由康熙朝的方苞所开创，传到姚鼐已经发展到鼎盛时期。姚氏的门生故徒遍布全国，

① 贺瑞麒：《清麓遗语》卷3，《清麓丛书》，民国七年刊本，第45页。

有“天下之文章，其在桐城乎”[①]的时誉。曾国藩曾经在《欧阳生文集序》一文中谈到桐城派的源流及其阵容，从中可看出这个学派的庞大规模。自姚鼐以下，桐城派在各地有如下重要代表人物，在安徽有方东树、姚莹、刘开、戴均衡；在江苏有管同、梅曾亮、吴德旋；江西有吴嘉宾；广西有朱琦、龙启瑞；湖南有曾国藩、孙鼎臣、郭嵩焘、杨性农、吴敏树等人。其中方东树、姚莹、管同、梅曾亮被时人称为姚鼐的四大弟子。这仅仅展示了桐城派的部分阵容，远远不是它的全部。由于恪守桐城派把“道统”、“文统”合而为一的原则，这些人大都崇尚程朱理学，写出许多阐发义理的论著，在嘉道年间的理学“复兴”活动中起着不可忽视的作用。其中最有代表性的是方东树。

方东树（1772—1851 年，乾隆三十七年至咸丰元年），字植之，其居所名“仪卫轩”，故称为仪卫先生。安徽桐城人。青年时期师事姚鼐，专攻古文，成为姚鼐著名弟子之一。中年后改治宋学，兼有理学家的身份。终身未仕，曾给安徽巡抚胡克家、两广总督阮元及邓廷桢当过幕僚。先后在广东、安徽主讲广州、韶州、庐州、亳州、宿松诸书院。主要著作有《汉学商兑》、《书林扬觯》、《大意尊闻》、《仪卫轩文集》等多种。方东树治学以程朱之学为宗，强调重新确立程朱理学在学界的独尊地位，反对所有程朱学派的对立面，尤其对汉学的抨击不遗余力。道光年间，他写成《汉学商兑》，全面、系统、尖锐地批评了汉学，极力推崇程朱理学，使清代学界的汉宋之争出现了新的变化，开始了宋学对汉学

① 曾国藩：《欧阳生文集序》《曾国藩全集·诗文》，岳麓书社 1986 年版，第 245 页。

的全面反击，改变了宋学在汉宋对峙中的守势地位。他还写了《辨道论》，系统地论述了程朱理学是代表圣人之道的唯一正宗，进一步抨击了汉学、陆王之学对“圣道”的危害性。他的这两篇著述观点鲜明，言辞激烈，思想犀利，在当时的学界产生了很大的震动，是嘉道时期理学“复兴”的两篇力作。许多人读了之后，竟改变了原来对理学的鄙视态度，转而赞同程朱。李兆洛自称：“曩时读书，甚不喜康成，于朱子亦时时腹诽。读先生书，敬当力改其失。”①方东树的主张还影响到桐城派后来的发展路向。自他以后，桐城派的理学色彩更加浓厚，使一部分文学家潜心于性理之学，成为晚清理学复兴中的骨干力量。他的主要弟子方宗诚、苏淳元都是咸同时期的理学名家。

与方东树同时期的安徽籍的理学家还有许鼎、朱道文、汪桂月、吕缉熙等人。他们不属于桐城派系统，但都学宗程朱。其中名气较大的有许鼎。许鼎（1782－1842年，乾隆四十七年至道光二十二年），字玉峰，安徽桐城人。早年弃举业，未仕，以授徒讲学为业。其学以程朱为宗，于陆王亦取所长。方东树称其学术“纯粹深通，皆由本之躬行，反身理会，推见至隐”。② 其著作有《正志录》、《正学录》及《玉峰集》等多种。

河南是北宋二程（程颢、程颐）所创洛学的发祥地，理学影响根深蒂固。清初，有“海内三大儒”之誉的孙奇逢曾在河南辉县讲授理学，主张调和程朱陆王，进一步延续了理学传统。其弟子汤斌为标榜理学的一代名宦，死后被清廷赐谥“文正”。道光时，河南地区

① 王钟翰点校：《清史列传》第17册，中华书局1987年版，第5416页。
② 同上书，第5419页。

标榜理学者不乏其人，李棠阶、倭仁就是其中的佼佼者。徐世昌说："中州理学之传，遂又阅二百数十年而弗坠。其居最后以儒修得大名者，则倭文端、李文清二公。二公当道咸之际，同以翰林洊登台辅。"[①]其余讲求理学之徒尚有刘廷诏、苏源生、王检心等人。

湖南地区是晚清理学发展最为活跃的一个区域。造成这种情况的一个重要原因就是湖南的理学传统源远流长，影响根深蒂固。理学的开山鼻祖周敦颐就是湖南道州人。宋明时期，湖南一直是理学的中心区域之一。朱熹、张栻、王阳明等理学大师都在湖南从事过学术活动。在清代，汉学虽然在全国风靡一时，直驾程朱理学之上，但是却对湖南的理学传统却没有造成多大的影响，以岳麓书院为首的湖湘书院讲堂，大都比较重视传习理学。罗典在乾嘉年间主持岳麓书院20余年，"倡明道术，衍朱、张之传，湖湘间翕然宗之。一时俊伟奇杰之士，获闻夫子之绪余者，皆服右志道，为有体有用之学。"[②]罗氏之后的山长欧阳厚均、丁善庆及罗之前的王文清等人，也都是程朱理学之徒。地位比岳麓书院稍次的长沙城南、石鼓两个书院也是传播理学的场所。有人在谈到湖南当时的学风时说："汉学风靡一时，而湖湘学子大者专已守残，与湖外风气若不相涉。"[③]这段话反映出湖南不仅具有与他处迥然不同的学风，而且本地的理学传统特别固结。由于以上原因，致使在嘉道年间理学开始复苏的时候，湖南地区涌现出一批理学家，成为晚清理学势力最活跃的一个区域。仅就嘉道时期而言，湖南地区的理学群体大致具有以下三个特点：

---

① 徐世昌：《李文清公日记序》，《李文清公日记》，民国四年石印本。

② 严如熤：《文会记》，《乐园文钞》卷3，道光年间刊本，第11页。

③ 湖南省文献委员会：《湖南文献汇编》第2辑，1949年刊行本，第111页。

(1)学术队伍阵营庞大,人才辈出。名气较大者有贺长龄、唐鉴、罗泽南、欧阳厚均、胡达源、贺熙龄、朱文炑、刘传莹等。他们当中的许多人长期执掌教职,讲学授徒,有大批门生故徒。欧阳厚均任岳麓书院山长长达27年,传授弟子达千人以上。贺长龄不仅当过岳麓书院山长,而且在出任贵州巡抚时鼓励兴学,提倡教化,教授学生无算。罗泽南长期假馆四方,授徒施教,讲论义理之学。他带出的学生很多,不少人后来参加了湘军,成为咸同时期的"中兴"名将,如王鑫、李续宾、李续宜、蒋益澧、钟近衡、易良干、王开仍、刘腾鸿等都是罗门高足。曾国藩称赞说:"湘中书生多拯大难、立勋名,大率公(按:指罗泽南)弟子也。"[①]贺熙龄曾主持城南书院,造士甚众。左宗棠就是他的著名弟子。当然,这些人的弟子情况很复杂,走上社会后并没有都成为理学家,但是有一点可以肯定,他们的头脑大都经过理学的洗礼。

(2)义理与经世相结合,给湖湘地区的理学打上了深刻的经世致用的印记。从历史渊源来看,湖湘学派具有融合诸家之长的特点。湖湘学派的开创者、南宋理学家胡宏对心性之学和事功之学采取兼容的态度,主张以学治道,经世济民。以后的张栻继承了这种思想。明代的季本、罗洪先在岳麓书院讲学时,对王学的空疏十分不满,大力强调研究有用实学,对天文、地志、礼乐、典章、河渠、边塞、战阵攻守、算数等无不深究。这种治学传统一直保持到清代。岳麓书院山长罗典既恪守程朱之学,又教诸生明习时务。嘉道年间的能臣严如熤就出自罗典的门下。严如熤的学问事功在士大夫中很受推崇,被视为实践"义理经济"之学的典范。在陶澍、贺熙龄的

---

① 曾国藩:《罗忠节公神道碑铭》,《曾国藩全集·诗文》,第305—306页。

推荐下，严如熤在身后升入祀乡贤祠，树为全省士人的样板。

义理与经济合一的特点，在湖南地区及学派的一些中心人物的身上表现得十分突出。如贺长龄学宗程朱，又注重考求经世致用之学。他在从政期间关心国计民生，讲求施政之方，尝云："人谓居官则可免烦劳，不知正为居官，则不能不烦劳，亦不致不烦劳也。"[1]1826年(道光六年)，贺长龄任江苏布政使时，在魏源的鼎力相助之下编成《皇朝经世文编》一书，集清代道光朝以前经世论议之大成。该书的"学术"部分总其纲领，具有指导思想的作用。究其内容，强调的不外两点：一是要恪守孔孟程朱之学，一是强调学以致用的原则，体现了"义理经济合一"的精神。这部书的编辑，典型地反映出湖南学风的特点，在全省士人中产生了广泛的影响。一时间，"三湘学人，诵习成风，士皆有用世之志。"[2]又如罗泽南早年励志向学，熟读性理之书，学宗程朱，著有《小学韵语》、《西铭讲义》、《人极衍义》、《姚江学辨》、《读孟子札记》、《皇舆要览》等书，捍卫程朱思想的正统地位，对晚清理学"复兴"影响尤大。他治学不仅强调"内圣"，而且很讲究事功，对于地理、水利、边防、兵法等经世之学无不悉心考察。所以他的学生中有许多人成为湘军中颇有作为的将领，在镇压太平天国的战争中发挥了相当大的作用。

(3)湖湘理学具有全国性的影响。上面提到的贺长龄在任贵州巡抚的时候，兴学重教，大量刊行宣传程朱理学的讲本读本。他主编的《皇朝经世文编》不仅在湘省士人中传诵，而且受到全国学界的青睐，影响了一代学风。此外，湘籍的理学大师唐鉴在京师讲学，对

① 贺长龄：《耐烦劳说》，《耐庵文存》卷1，光绪八年刻本，第7页。
② 黄濬：《花随人圣庵摭忆》，上海古籍书店1983年版，第200页。

于扩大湖湘理学的影响和集结全国理学力量的意义非同寻常。唐鉴治学宗程朱，研性道，以省身、持敬、力行为主，辨学甚严。对陆王之学、汉学，他都持反对态度。所著《国朝学案小识》一书，用程朱理学的观点总结了清代学术历史，提出了一个以陆陇其、张履祥、陆世仪、张伯行四人为理学正宗传人的清代学术统系，得到多数理学家的承认，对晚清理学的发展起到重要的作用。唐鉴任太常寺卿时，一些向慕理学的官僚士大夫纷纷从其就读。其中著名者有倭仁、吴廷栋、曾国藩、吕贤基、何桂珍、窦垿、邵懿辰等人，在士大夫中形成了一个理学群体。后来，这些人几乎都是咸同时期复兴理学的骨干人物。唐鉴在京师的讲学活动为理学的"中兴"作了思想上的准备。有人在谈到湘学时，把贺长龄和唐鉴称为"真儒"，说："然吾善化自李恒斋而后，理学真儒世称贺、唐二公。"①

由于以上三个特点，使程朱理学不仅在湖南地区占有优势地位，而且在后来随着湘军势力的崛起，扩大到全国，一度左右着全国的政局学坛。

二、咸同时期的理学"中兴"

理学之所以在晚清咸同时期出现"中兴"的局面，除去有方东树、唐鉴等理学名士的大力倡导之外，更主要的是政治方面的因素。

咸丰初年，太平天国农民起义在广西爆发，很快席卷了大半个中国，沉重地打击了清王朝的腐朽统治。在意识形态方面，起

---

① 钱基博、李肖聃：《近百年湖南学风·湘学略》，岳麓书社1985年版，第171页。

义者用拜上帝教反对儒、释、道三教。尤其把孔孟儒学称为“妖书邪说”，加以禁止。洪秀全等人曾经颁发命令：“凡一切孔孟诸子百家妖书邪说者，尽行焚除，皆不准买卖藏读也，否则问罪也。”[1]除此之外，太平军还烧毁一些地区的庙宇学宫，对清王朝尊崇的孔孟之道表示出极大的蔑视。在太平天国管辖的地区，孔孟儒学威信扫地。当时有首诗形容天京的情况是：“搜得藏书论担挑，行过厕溷随手抛。抛之不及以火烧，烧之不及以水浇。”[2]孔孟之道是历代封建王朝赖以支持的精神支柱，具有神圣不可侵犯的崇高地位，竟然受到起义者的鞑伐、亵渎，不能不在统治阶级中引起强烈的震动。为了挽救清王朝的危机，以曾国藩为代表的理学士人积极参与了对太平天国的镇压活动。他们一方面组织湘军，发动对太平天国的军事进攻，另一方面打出“卫道”的旗号，主张振兴孔孟程朱之学，收拢人心，恢复被太平天国革命打乱的封建秩序。曾国藩在《讨粤匪檄》中攻击太平天国破坏封建秩序是“举中国数千年礼义人伦、诗书典则，一旦扫地荡尽。此岂独我大清之变，乃开辟以来名教之奇变，我孔子、孟子之所痛哭于九原”，并重申孔孟程朱所宣扬的“君臣父子、上下尊卑，秩然如冠履之不可倒置”[3]，号召读书人及广大群众反对太平天国，维护孔孟程朱之道。

嘉道时期，清朝统治者虽然认识到提倡理学的重要性，但是在用人行政上一仍其旧，对理学士大夫没有予以特殊的对待。这种

---

① 《诏书盖玺颁行论》，《太平天国》（中国近代史资料丛刊）第1册，神州国光社1952年版，第313页。

② 马寿龄：《金陵癸甲新乐府》，《太平天国》第4册，第735页。

③ 《曾国藩全集·诗文》，第232页。

情形一直延续到咸丰朝。

最初，咸丰帝对理学的作用还有几分疑虑，没有重用理学士人。这主要是由于他害怕理学士人重蹈从前空谈性理、误国害政之弊的心理在作怪。1852 年(咸丰二年)，咸丰帝在召见理学大臣吴廷栋时，竟然提出这样的问题："何以学程朱者多迂拘?"[①]终咸丰一朝，朝廷中以理学相标榜的大臣，如李棠阶、周祖培、倭仁、吴廷栋等人，大多仕途坎坷，不是归籍闲置，便是差派边远，未能参与机要。尤其是以讲理学扬名于世的倭仁，更是一再蹭蹬，被"发配"到千里之外的叶尔羌去"历练"。一向处事谨慎，并在镇压太平天国的战争中屡立战功的曾国藩长期不握实权，吃尽了官场倾轧、排抑的苦头。1860 年(咸丰十年)，太平军击溃清军江南大营，证明了清朝正规军——八旗、绿营已经丧失了与太平军对垒的能力。这种情况迫使清政府不得不重用汉族地主阶级地方势力。以曾国藩为首的湘军集团便成为清廷依靠的主要支柱。这一年，曾氏奉命署理两江总督，北京政变后改为实授，破例节制江南四省，掌握了对太平军用兵的实际指挥权。曾国藩集团在政治上的崛起，不仅是晚清政局发生变化的一个枢机，也是程朱理学在晚清走向"复兴"的一个重要标志。

北京政变后，清朝最高统治者利用程朱理学打击"异端"、收拢人心、维持政治统治的意图进一步明朗化。1862 年(同治元年)，曾任顺天府府尹的蒋琦龄上"中兴十二策"，力主"崇正学以端正本"，得到清朝最高当局的首肯。随后，清廷颁发了一道"昌明正学"、"宗尚程朱"的上谕，其云：

---

① 吴廷栋：《拙修集》卷 1，同治十年六安求我斋刻本，第 4 页。

> 我朝崇儒重道，正学昌明，士子循诵习传，咸知宗尚程朱，以阐圣教。惟沿习既久，或徒鹜道学之虚名，而于天理民彝之实际未能研求，势且误入歧途，于风俗人心大有关系。各直省学政等躬司牖迪，凡校阅试艺，固宜恪遵功令，悉以程朱讲义为宗，尤应将《性理》诸书随时阐扬，使躬列胶庠者咸知探濂洛关闽之渊源，以格致诚正为本务，身体力行，务求实践，不徒以空语灵明流为伪学。至郑、孔诸儒，学尚考据，为历代典章文物所宗，理无偏废。惟不得矜口耳之记诵，荒身心之践履，尤在职司教士者区别后先，薰陶乐育，士习既端，民风斯厚。①

这道上谕尽管提到对宋学、汉学都要重视，告诫不得有所“偏废”，但其中心思想是在强调“宗尚程朱”的重要性，命令各地学官强化程朱理学方面的教育，要求士人“探濂洛关闽之渊源，以格致诚正为本务”，亦步亦趋地去实践程朱等人提出的理念。这可以视为清朝统治者为提倡理学而发出的政治动员令。在这一政治号召的影响下，程朱理学在同治一朝走了红运，出现了种种“复兴”的迹象。

首先，理学士人受到朝廷的重用。北京政变不久，当时的一些所谓“理学名臣”便一个个飞黄腾达，荣登显要。倭仁在 1862 年（同治元年）一年三迁，从擢工部尚书，授协办大学士，升至文渊阁大学士，并被派充同治帝的师傅，掌管翰林院，一跃而成为清王朝的最高理论权威。曾经和倭仁在一起切磋理学的李棠阶，也在这一年被起用，以左都御史入军机处，参与枢府机要。吴廷栋在是年应诏入京，先后担任过大理寺卿、刑部侍郎等职务。经过此番大变

---

① 刘锦藻：《清朝续文献通考》卷 97，商务印书馆 1936 年版，第 8570 页。

更，理学派的地位已非昔比，达到炙手可热的程度。理学再一次被封建统治者捧到政治的巅峰，出现了晚清时期发展的“中兴”局面。

其次，清王朝采取了许多措施，大力营造崇尚理学的风气。1860年（咸丰十年），清廷颁布上谕，规定“嗣后从祀文庙，应以阐明圣学，传授道统为断”[①]，对从祀文庙的入选标准做了有利于程朱理学一派的修改。此后，清廷根据这条上谕不断对故去的和健在的程朱派名儒进行表彰。

1870年（同治九年），清廷“恩准”张履祥从祀孔庙，次年张氏的著作《杨园生全集》被重刊。张履祥是清初的著名理学家，被唐鉴尊为代表清代理学道统的四位“传道”者之一。

1876年（光绪二年），费延厘奏请将张伯行从祀文庙。张伯行是清初的理学名臣，其地位与张履祥、陆陇其等人相同。同年，陕西理学名儒王建常又被请祀文庙。清廷允许将已故举人李元春事迹交付国史馆，列入儒林传。

对于健在的理学家，清廷同样不遗余力地进行表彰。1868年（同治七年），侍郎胡肇智进呈安徽理学家夏炘所著的《恭译圣谕十六条附律易解》及《檀弓辩诬》、《述朱质疑》等书。清廷褒奖夏炘“年届耄耋，笃学不倦”。[②] 前一种书由武英殿刊印，颁发全国，后两种“均著留览”。

1874年（同治十三年），陕西和山西两省学政分别为关中理学家贺瑞麟、杨树春、薛于瑛请授京衔。清廷以这三人宣讲“正学”有绩，皆赐国子监学正衔。

---

① 朱寿朋编：《光绪朝东华录》第2册，中华书局1984年版，第2037页。

② 《清朝续文献通考》卷101，第8597页。

由于有朝廷的奖掖，崇尚理学的风气在当时的士大夫中又开始蔓延起来。

除此之外，在中央和地方掌握大权的各级官员对清廷“宗尚程朱”的上谕不敢怠慢，争相奉行，尤以理学派官员为甚。倭仁当了大学士，掌管了翰林院之后，立即着手制定新的《翰林院学规》，把程朱派推崇的《四书》、《朱子语类》、《朱子大全》等理学读本，定为翰林院学士的必修课程，以培养讲求性理之学的风气。官方控制的各级教育机构纷纷闻风而动，增加了理学课程的内容，甚至连洋务学堂也不例外。上海广方言馆的《课程十条》明确规定：

> 于课文之前一日讲解《养正遗规》、朱子小学诸书。若有进境，则授以《近思录》及《朱子全书》、《性理精义》各篇。诸生听讲时，一态凝神，退而精心体认，笃实践履，庶于言行之际，敬肆之分，皆有所持循焉。①

曾国藩等地方封疆大吏在指挥军队镇压各地人民起义的同时，着手恢复社会秩序，尤其强调重建封建文化事业的工作。其中有一项内容就是在各地建立书局，刊刻古籍文献。传统儒学的各家著述自然是重点刊刻内容。继胡林翼在湖北开局刻书后，曾国藩于 1861 年(咸丰十一年)率军攻占安庆后，组织人员创办了官书局，以后各地大吏在南京、杭州、淮南、南昌、武昌、广州等地相继成立了这类书局。这些书局一律都是官办，聘请名流学者主持书局业务。举办的目的是为清朝统治“正人心”、“维世道”服务，所以首先刻印的是“钦定”、“御纂”类书籍，其次是正经、正史及诸子文集。

---

① 《广方言馆全案》，藏于中国社会科学院图书馆，第 22 页。

对此,方宗诚曾作过这样的说明:

> 东南文字,尽毁于贼。胡文忠在湖北首开书局,刻《读史兵略》、《弟子箴言》。曾公在安庆开局刻《王船山先生遗书》,在金陵刻《四书》、《十三经》、《史记》、《汉书》。吴仲宣漕督在淮上刻《小学近思录》诸书;丁雨生中丞在苏州刻《通鉴》、《牧令》诸书;马谷山中丞在浙江刻钦定《七经》等书;左季高宫保在福建刻张仪封所编诸大儒名臣书;何小宋中丞在湖北刻《十三经》经典释文、《胡文忠公遗集》等书;吴竹庄方伯在安庆刻《乾坤正气集》及各忠节书;李少荃节相在金陵刻《名臣言行录》并朱批谕旨等书;丁稚黄中丞在山东亦开局刻《十三经》,皆有益世教也。[①]

毫无疑问,各代理学家的著作(主要是理学正统派的书)理所当然地成为首选。各局出版的这类著作主要有:《诗朱子集传》八卷(朱熹著,武昌局本)、《四书章句集注》19 卷(朱熹著,江宁局本)、《朱子全书》66 卷(朱熹著,南昌局本)、《朱子大全集》112 卷(朱熹著,贵阳官本)、《朱子语类》140 卷(朱熹著,广州局本)、《大学衍义》43 卷(真德秀著,杭州局本)、《五种遗规》15 卷(陈宏谋著,武昌、南昌、杭州三局合本)、《正谊堂全书》478 卷(张伯行著,福州局本)、《王文成全书》38 卷(王阳明著,杭州局重刻本)、《近思录集注》14 卷(江永著,武昌、苏州、杭州、广州各书局均有刊本)、《重订杨园集》(张履祥著,苏州局本)、《重刻船山遗书》(王夫之著,江宁局本)等。

除了官方组织刻印之外,不少地方的理学名家在官方的支持

---

① 方宗诚:《柏堂师友言行记》卷 3,京华印书局 1926 年版,第 3 页。

下也在从事各代理学著作的刊刻出版。关中地区的理学家贺麟从1854年(咸丰四年)起,在讲学之余编印各种理学书籍,成果显赫。到他去世的1893年(光绪十九年)为止,已经出版的各种理学书籍达百种以上。他的门生后人把这些出版物汇编成一套大型丛书,定名为《清麓丛书》[①]。这套丛书连同他本人的文集遗书在内,总数达153种,集中了宋、元、明、清的理学著述精华,保存了大量宝贵的历史文献。

理学在这个时期"中兴"的最重要体现,就是这一群体的队伍阵容空前庞大,分布广泛。如果按他们的省籍来划分,其分布情况大致如下:

直隶:李鸿藻、王用诰。

河南:刘廷诏、苏源生、李棠阶、王检心、王涤心、于锦堂、徐淮扬。

陕西:贺瑞麟、杨树椿、柏景伟。

山西:薛于瑛。

安徽:吴廷栋、夏炘、夏炯、苏惇元、方宗诚、方潜、涂宗瀛、杨德亨、何慎珍。

江苏:刘熙载、廖寿丰、成孺、陈寿熊。

浙江:宗稷辰、邵懿辰、高钧儒、伊尧乐、应宝时、黄方庆、陈居宽、朱一新。

江西:吴嘉宾、刘绎、龙文彬。

山东:游百川。

福建:陈庆镛、林启。

---

① 《清麓丛书》于民国七年秋编刻。

四川:范泰衡、余焕文。

湖北:洪汝奎、万斛泉、宋鼎、邹金栗、冯礼藩、黄嗣东。

湖南:曾国藩、罗泽南、刘蓉、李元度、郭嵩焘、丁善庆、王鑫、李续宾、李续宜、贺兴范、钟近衡、胡林翼。

两广:龙启瑞、朱琦、朱次琦。

云南:何桂珍、窦垿。

吉林:于荫霖。

旗籍:倭仁、崇绮、徐桐。①

其中有些人物崛起稍晚,应该算作光绪中期以后的阶段,如李鸿藻、廖寿丰、万斛泉、黄嗣东、崇琦、徐桐、于荫霖等,然而从他们学术思想形成来看,却都是在咸同理学"中兴"时期步入学途仕途,受过这个时期特定学风的熏陶。

通过上述分布图,可以从中看出咸同时期理学"中兴"的几个特征:

一是理学营垒人多势众,分布遍及全国。仅以上分布图涉及的人数就达 69 人,隶属 17 个省份,涉及全国各个重要省区。当然,这个统计仅仅列举了当时理学营垒中的部分名家,远远不是它的全部成员。

二是理学活跃的地区大都与该地区的学术传统的影响有关。从上述统计中可以看到,河南、陕西、安徽、浙江、湖南等几个省份的理学家阵容比较强盛,因为这些地方大都具有深远的理学传统。河南是洛学的发祥地,陕西是关学的老家,安徽是桐城派的故乡,

---

① 根据《清史稿》、《清史列传》、《清儒学案》、《碑传集》、《碑传续集》、《碑传集补》等书有关内容所统计。

浙江是王阳明的旧籍；湖南不仅是周敦颐的故乡，而且还是朱熹主要活动地。这种地区性的学术传统就成为晚清理学“中兴”最好的土壤。

三是理学“中兴”具有明显的政治化的倾向。上述统计中涉及的理学人物，绝大多数都有官宦身份，或者由科举步入仕途，或者由军功侧身官场，或者成名后得官，像徐淮扬那样的布衣学者真如凤毛麟角。尤其值得重视的是，理学出身的许多士人都担任了大学士、尚书、侍郎、总督、巡抚等官场高级职务。在上述统计中，担任这些高级职务的有15人，占表内人员总数的22%。这种情况尤以同治朝最为突出。担任大学士和军机大臣的有倭仁、曾国藩、李棠阶、徐桐、李鸿藻五人。倭仁先是文渊阁大学士，后升为文华殿大学士，名列宰辅之首。曾国藩是武英殿大学士。后来的大学士李鸿章、协办大学士左宗棠等，都是属于曾国藩系统的官僚，与理学派别存在着思想上和政治上的关系。大学士周祖培则是李棠阶、吴廷栋的保举人。李棠阶和李鸿藻都是军机大臣。当时军机处的成员构成由两部分人所组成，除了有理学背景的大臣外，就是恭亲王系统的洋务派官员。清王朝最高权力中枢充斥着如此众多的讲求理学的官员，这是自康熙朝以来从未有过的现象。

咸同“中兴”时期的理学阵营，人数众多，情况复杂。有的坚持纯粹正统的程朱派观点，如倭仁、吴廷栋、李棠阶、苏源生、贺瑞麟等人；有的在治理学的同时，兼治文辞学，如方宗诚、苏惇元、龙启瑞、朱琦等人；还有学宗程朱、兼采汉学的，如夏炘、成孺、邵懿辰（兼治今文经学）、黄方庆、朱次琦等人。以曾国藩为首的湖湘学派，以及与他们关系密切的一些理学家，则以“义理经济”相标榜。如果用传统儒学讲求“内圣外王”的基本特征来划分，这些人大体上可以划分为两个主要的派别:一个是以倭仁、吴廷栋为首的强调修身养性的理学主敬派;一个是以曾国藩为首的既讲“内圣”、又注重事功的理学经世派。

理学主敬派是理学营垒中的正统派,以儒学正宗自居。倭仁、吴廷栋、李棠阶是这个派别的领袖人物。同治以后,他们都在朝廷中身居高位,占有相当的政治优势地位,再加上他们在士大夫中原有的各种关系,成为理学营垒中的中坚人物,当时有“三大贤”之称。方宗诚在吴廷栋年谱中说:

> (吴廷栋)与倭公艮峰、文园李公同朝。时倭公以大学士为师傅,李公以尚书掌军机,虽各有分位,未能越俎,而道义相契,可以密相赞襄,切磋德业,海内称为“三大贤”。都中凡有志正学之士,皆以三公为依归焉。[①]

这里所说的都中“有志正学之士”,是指当时围绕在倭仁周围的一批标榜理学的翰林、谏官。他们对倭仁的“学”与“德”十分仰慕。再加上倭仁掌管翰林院的政治地位,不少人都以弟子的身份从其就学。游百川、于荫霖都是在这个时期拜倭仁为师的。与倭仁同时在上书房供职的还有李鸿藻、翁同龢、徐桐。他们在年纪和资历方面都比不上倭仁,皆以前辈尊之,在政治上、思想上自然深受倭仁的熏染。李鸿藻、徐桐都是治理学出身的官僚,成为光绪中后期清廷中固守理学残垒的主要代表人物。翁同龢一生治学较杂,但在同治时期,理学倾向比较明显。从他在这个时期的日记中可以看出,研读《四书》及《朱子大全》是他在当时的一项主要课程。其次才是经史。翁同龢还怀着敬佩的心情阅读倭仁的日记,写下许

---

① 方宗诚:《吴竹如先生年谱》,光绪四年畿辅志局刊本,第72页。

多学习心得。其中一条是这样写的："读艮翁日录，先生刻苦自励，字字从肝鬲中流出，异于空谈无实之学。"[①]倭仁去世后，他悲痛至极，在日记中感叹道："呜呼！哲人亡云，此国家之不幸，岂独后学之士失所仰哉！"[②]由此可见，在像翁同龢一类的京师士大夫中，倭仁的影响的确非同一般。

李棠阶曾经当过多年学政，又主讲河朔书院，"四方问学者归之"[③]，影响了一大批读书人，尤其是河南籍的士子。不少人与他有从游和师生的关系。王辂、佟景文、王汝谦、王珍、任莲叔、耿翰辅等人，都与他有各种不同的学术关系。

吴廷栋在道光朝时曾从唐鉴讲习理学，结交了许多名宦，尤其与曾国藩、倭仁、何桂珍等理学名家相友善。咸丰时他在山东当布政使，以讲理学名世，吸引了一些士大夫。先后在吴廷栋门下讲习理学的有洪汝奎、何慎修、方宗诚、涂宗瀛、方潜、杨德亨等人。方潜原本研习陆王之学，曾著《心述》发挥王学观点。吴廷栋阅后，与方潜通信十余次辩论学术上的是非，终于使方潜放弃了原来的观点，改宗程朱。方潜为了表示自己的"悔悟"，重新写了《性述》一文。方宗诚把吴廷栋与清初的陆陇其、张履祥相提并论，认为在当时只有罗泽南"可与比肩"，称：

> 盖先生终身守孔子下学之训，专以穷理克己为工夫。故学问所诣已极于纯一不染，诚一无伪之地。[④]

理学主敬派除了倭仁、李棠阶、吴廷栋三人及其系统的人物之

① 陈义杰点校：《翁同龢日记》第1册，中华书局1989年版，第504页。
② 陈义杰点校：《翁同龢日记》第2册，第853页。
③ 徐世昌纂：《清儒学案·强斋学案》卷162，中国书店1990年影印本，第1页。
④ 方宗诚：《吴竹如先生年谱》，第83页。

外，还有像贺瑞麟、薛于瑛、苏源生等直隶、陕西、山西、河南籍及隶属于旗籍的一些理学派人物。

在学术思想上，理学主敬派以儒家道德论为中心来发挥程朱的理学思想。他们认为，天下国家是靠人心来维系的，而人心的善恶则取决于学术的正邪，因此，治学首先要讲究学术上的曲直是非。他们把程朱之学当成唯一的"正学"，试图以程朱之学统一整个学术界，只允许符合程朱派观点的学派存在，一切与程朱相悖的学术都应该在反对之列。由于过分强调道统、学统的纯洁性，理学主敬派往往带有较多的门户之见。他们论学除了探讨道德修养的一些问题之外，就是热衷于各种学术上的论辨，如程朱陆王之辨、君子小人之辨、"夷夏之辨"、"义利之辨"等等。在思想方法和治学方法上，理学主敬派由于过深地受到强调道统的束缚，一般说来表现得比较拘谨和守旧，满足于重复程朱的一些思想原则，在理论上鲜有发明。在他们看来，孔孟程朱已经解决了古往今来的一切问题，后人只需随着他们的脚印亦步亦趋就行了。关于这一点，贺瑞麟有一段话说得十分典型，他说：

> 窃谓千古学术，孔孟程朱已立定铁案，吾辈只随他脚下盘旋，方不错走了路。①

在施政问题上，理学主敬派比较注意强调"务本"，即发挥孔孟儒学的"德治"和"教化"的功能。"端正君心"便是他们的入手之处。倭仁、李棠阶被起用后，不厌其烦地对清朝最高当局大讲"德治"问题，强调"正君心"的重要性。为了达到"启沃圣心"的目的，他们组织人员编写了《启心金鉴》、《帝王盛轨》、《辅弼嘉谟》、《治平

---

① 贺瑞麟：《答蒋少园书》，《清麓文集》卷7，第14页。

宝鉴》等书，从儒家经典和历代史籍中挑选出有关“君明臣良”的嘉言范例汇编成册，以便给最高统治者提供效法的根据。倭仁在《敬陈治本疏》中把理学主敬派的这种观点表达得格外清楚，认为：整顿吏治、练兵筹饷、任用贤才都不过是为政之“因”，而非“本原之论”，为政之“本”是“皇上立必为尧舜之志”，克己修德，如果“此志既定，然后择同心同德之臣，讲求治道，切摩身心，由穷理修身以至于治平天下。此其机操之圣心而有余，即推之四海而无不足。所谓志定而天下之治成也”。[①] 理学主敬派的施政主张不过是程朱派道德论在政治上的延伸而已。

理学经世派的代表人物是依靠镇压太平天国农民起义而爬上高位的曾国藩。在这派人物中，湖南籍人士占了相当大的比例，然而讲求经世致用在嘉道以后已经成为一种风气，所以在其他地区的理学派人物中，主张“义理经济”者也大有人在。如何桂珍、邵懿辰、宗稷辰、吴嘉宾、陈庆镛、朱次琦、朱一新等人即是。曾国藩在青年时代曾就读于岳麓书院。湖南讲求“义理经世”的独特风气给他的思想留下深刻的印记。当他在京师与倭仁、吴廷栋等人一起拜唐鉴为理学之师时，没有忘记“详览前史，求经世之学”。[②] 以后，他在组织湘军、与太平天国对垒的过程中，特别注意笼络和起用那些既讲义理、又有才干的读书人，罗织成一个集理学与经世之学为一体的思想政治派别。这个派别以湘籍士人为班底，刘蓉、胡林翼、罗泽南、郭嵩焘、李元度等人便是其中的骨干人物。

作为程朱理学的一个派别，理学经世派在宇宙观、道德论、认

---

① 倭仁：《敬陈治本疏》，《倭文端公遗书》卷2，光绪年间刻本，第4—6页。

② 黎庶昌：《曾国藩年谱》，岳麓书社1996年版，第7页。

识论等方面的观点，与理学主敬派所差无几，基本上继承了程朱的思想主张。然而，理学经世派则把较多的精力放在事功和“开外王”方面，从而形成了和理学主敬派不同的思想风格。

理学经世派在一定的程度上能够正视程朱理学所固有的弊病，主张用经世致用的精神和学问补救理学固有的缺陷。实际上，程朱理学并不是不讲“经济”，只是为了与事功派划清界限而把“经济”包含在“义理”之中，不予独立的地位。在这个问题上，曾国藩作了新的发挥，把“经济”独立出来，将它与“义理”、“考据”、“辞章”相并列，成为一门独立的学问。他说：“为学之术有四：曰义理，曰考据，曰辞章，曰经济。”①在他看来，这些内容既是治理国家的要务，又是治学的具体内容。这是对姚鼐把儒学解释为由“义理、考据、辞章”三项内容组成之说作出的重大发展。在治学问题上，理学经世派的门户之见不太严重。他们尽管学宗程朱，尊程朱之学为“正学”，但对汉学、陆王之学都采取宽容态度，不像理学主敬派那样强调学术上的门户是非。他们中的一些人不仅不排斥汉学、陆王之学，还能在一定的程度上接纳西学（主要是西方的自然科学），具有一定的时代眼光。曾国藩、郭嵩焘在这方面有不少精当的论述，他们曾经是提倡西学的先导人物。理学经世派还具有务实精神，他们以书生从军从政，担负起解决国家许多繁难问题的重担，使清政府在政治、经济、军事等方面遇到的危机得到一定程度的缓解，出现了所谓的“中兴”局面。从总的方面来看，理学经世派的着眼点与理学主敬派正好相反，不在“内”，而在“外”，即侧重发挥儒学的“外王”与“重事功”方面，正好弥补了理学主敬派的不足。

---

① 曾国藩：《劝学篇示直隶士子》，《曾国藩全集·诗文》，第442页。

他们各自从不同的方面发挥了自己的功能，起到维护清朝治统与道统的作用。

同治中后期，理学“中兴”的许多骨干人物先后凋谢。到 1873 年（同治十二年）为止，先后去世的理学派主要人物有：李棠阶（1865 年，同治四年）、宗稷辰（1867 年，同治六年）、苏源生（1870 年，同治九年）、曾国藩（1872 年，同治十一年）、吴廷栋（1873 年，同治十二年）。他们大都是当时理学各派的头面人物，在政治上、学术上颇具影响力。他们的去世，自然大大削弱了理学阵营的力量。然而，由于历史和现实的许多因素，理学“中兴”的余波仍然延续了一段时间。

在光绪朝最初的十余年中，经过咸同理学“中兴”洗礼过的一批理学后继者，仍然凭借其前辈的余威，在朝野标榜义理，支撑着理学的门户。当时在朝廷中有大学士李鸿藻、徐桐竭力主持，在地方则有贺瑞麟、薛于瑛、方宗诚、刘熙载、成孺、朱次琦、朱一新等人竞相提倡，理学的声势虽远不如咸同时期，但还能保持一定的规模与声势。这种情况一直延续到光绪中期（大致到中日甲午战争前后）。在这期间，有四位人物颇具影响，即方宗诚、朱次琦、朱一新和贺瑞麟。

方宗诚曾经受过许鼎、方东树、吴廷栋、曾国藩等四位理学名家的指点，于义理之学、古文辞学、经济之学等颇具造诣，学识渊博，著述丰富。朱次琦是岭南地区的理学名儒，他与学宗汉学的陈澧同被尊为岭南地区的儒宗。朱一新博通经史，才华横溢，备受张之洞赏识，被聘为广雅书院山长。贺瑞麟在关中是继李元春之后的又一大儒，这在前面已经提到。前三人治学都主张摈弃门户之见，主张在坚持义理的前提下，博采众家之长，贺氏则恪守独尊程朱的态度。这种情况反映出在同光时期，破除门户、兼采汉宋的学术思潮已经成为学界的主流。

在这里还需要把王学在此期发展的情况略作表述。

王学在清初由于受到来自各方面的打击而一蹶不振，其学脉由此而几近中断。嘉道年间，清朝对文化学术的控制稍有松动，给王学的复活提供了机会。王学复活的地区主要是在南方一些原来就有王学传统的省份，如浙江、江西、湖南等地，讲习者主要是中下层士大夫。

早在1798年（嘉庆三年），刘永宦曾经刊行过八卷本的《王文成公集要》。这是一部王阳明著述的选读本。

1825年（道光五年），洪洞张恢等人修补刻印了清初学者范镐鼎编辑的《广理学备考》，内中收有若干王派学者的著述节录，如《王阳明集》、《王心斋集》、《罗近溪集》、《罗念庵集》等书之片段。是为辑录王学派作者著述较多的一部丛书。

1826年（道光六年），湖南学人萧名哲等人将其师陶浔霍、柳廷方经过多年整理而成的《王阳明先生全集》刊刻出版。王阳明遗著经明末清初的社会动荡多有佚失。康熙年间，学者马士琼曾刊刻过一部16卷本的王阳明文集，后被陶浔霍在北京琉璃厂书肆购得。陶在该书的基础上作了一些整理，又经柳廷方、萧名哲等人的进一步编纂，遂成这部全集。该书共8卷，卷一录王阳明年谱，卷二辑王氏《传习录》，卷三至卷五为王氏《论学书》，卷六至卷八为《南赣书》。这是王学在萧条多年之后出现的辑录王阳明著作较多的一个版本。

1831年（道光十一年），曹溶等人编辑出版的《学海类编》收录了王阳明的《传习则言》一卷、《阳明先生乡约法》一卷、《阳明先生保甲法》一卷。此外,王阳明弟子王艮《心斋约言》一卷也被收录于其中。

1845年(道光二十五年),上高李祖陶辑刊《王阳明文选》,凡七卷68篇,重复收录在他所辑刊的《金元明八大家文选》和《明文选》两书中。此外,在道光年间,还有人重刻了清前期学者朱泽沄编辑的《阳明辑朱子晚年定论辨》。1858年(咸丰八年),高邮胡泉刊印了两种王学著作,一种是《王阳明先生书疏证》,另一种是《王阳明先生经说弟子记》。以上就是嘉庆以后王学著述刊行的一些情况。

随着王学著述的刊行,王学思想开始被一些学者所关注,稍有萌动。不过由于受到理学正统派的打击、压抑,还没有人敢于公开打出王学的旗号,对王学的提倡只是曲折地反映在一些主张调和程朱陆王的学者的言论中,对王学的肯定只限于那些与程朱理学精神无抵触的,或有利于维护封建统治的内容。到咸同时期,研习王学的士人逐渐增多,其著名者除了以上提到的胡泉等人外,还有宗稷辰、吴嘉宾、李棠阶等人。曾国藩也不完全排斥王学。不过他们所讲的王学与王学的本来意义有很大的出入,严格说来是经过朱学思想过滤了的王学。

三、光宣时期的理学衰局

从光绪朝中期到1911年(宣统三年)辛亥革命爆发的十余年间,是晚清理学从“中兴”走向衰败的时期,也是包括程朱理学在内的整个传统儒学最后解体的时期。

中日甲午战争以后,中国社会的民族矛盾和阶级矛盾空前激化。一方面,帝国主义列强继中日甲午战争之后,又发动了八国联军侵华之役和日俄战争,鲸吞蚕食土地,掠夺财富,屠杀人民,把中国一步步推入殖民地半殖民地的深渊;另一方面,中国人民进行了一系列英勇悲壮的爱国救亡斗争,发动了戊戌变法、义和团运动和辛亥革命,给帝国主义列强及清王朝的统治以沉重打击。这一切都预示着清王朝统治覆亡的时刻已经来临,延续了二千年之久的封建君主专制制度就要行将解体了。

为了挽救行将失败的命运,清王朝采取了种种措施来加强自己的统治。其中一个重要方面就是大力抬高孔子的地位,用孔学来维系人心。这与清朝统治者在同治朝偏重提倡理学的做法稍有不同。光绪后期,清王朝一再强调"尊孔读经",并宣布以"忠君、尊孔"为教育宗旨的核心内容,学堂以孔学为"正学",把经学规定为必修之科目。1905年(光绪三十一年),京师大学堂监督张亨嘉在奏折中声称:

> 窃谓中国教育宗旨,智能必取资欧美,而道德必专宗孔孟。凡经籍所传义理,秦汉唐宋明以来儒家之论说,必抉其精密切要者,以立德育之本,以为修己治人之法。待其训育薰陶,道德之灌注于人心者既深,而后忠义勇敢之风自勃然其不可遏焉。①

与此同时,清朝统治者把孔子抬到"吓人"的高度,对孔子的祭典由"中祀"升为最隆重的"大祀",与祭天之礼等同。光绪帝亲自出席祭孔大典,表示对孔子及其学说的竭力推崇。其实,清朝统治者尊孔并不意味着排朱,不过是将二者同时并举,使他们都成为自己的

---

① 刘锦藻:《清朝续文献通考》卷106,第8648页。

统治工具而已。张之洞在《劝学篇》中仍然把程朱与孔孟相提并论，并把《四书》及宋儒义理之书列为士子必读之本，具有与《五经》同样的地位。甚至在科举制废除之后，清政府的一些官员还在强调向学堂的学生灌输《四书》、《五经》的重要性。1907 年（光绪三十三年），候补内阁中书黄运藩呈请清政府不要更改士人读《四书》、《五经》的传统，奏道："为《四书》、《五经》于人心士习，关系至要，虽百世以俟圣人，而其制要莫能改也。"[①]翰林院庶吉士高桂馨则称："聪颖子弟由六岁入学，一年后加多读经功课，俾令中学印入脑际，《四书》、《五经》在所必读必讲，余经听其随意。"[②]

尽管清王朝一如既往地对包括理学在内的儒学进行大力扶植，但是最终难以改变儒学日趋衰败的趋势。单就程朱理学来说，它在光宣时期的衰落是带有历史必然性的，大致说来有以下几方面的原因：

首先，从中日甲午战后起，戊戌维新运动开始兴起。新兴资产阶级启蒙思潮对封建专制主义进行猛烈的批判，从根本上动摇了程朱理学的官方哲学地位。在 19 世纪末 20 世纪初，中国出现了一批积极主张实行资产阶级改良或革命的新型知识分子，成为启蒙思潮的宣传者和实践者。他们在吸收西方近代政治学说和中国传统思想中的民主性精华内容的基础上，提出了与封建正统思想水火不容的新观念、新道德、新理论，用近代民主政治反对封建君主专制，用进化、变革的世界观反对"天不变，道亦不变"的天道观，用解放个性的资产阶级道德论反对封建主义的禁欲主义，喊出了

① 《清末筹备立宪档案史料》下册，中华书局 1979 年版，第 981 页。

② 《清末筹备立宪档案史料》上册，第 220 页。

“冲决”一切禁锢人心的封建“网罗”的口号。在思想理论上，程朱理学早已处于山穷水尽的境地，根本拿不出像样的新鲜武器来抵挡新思潮对它的冲击，尤其在青年学生中的市场越来越小，昔日的权威一落千丈。这一点，可以从清末文人孙宝瑄的日记中反映出来。孙宝瑄出身官宦家庭。他的父亲孙诒经曾任户部左侍郎，其兄孙宝琦曾任清廷驻外公使、顺天府尹等官。出生在这样一个官宦家庭，孙宝瑄从小受的全是孔孟程朱的教育。然而由于受到资产阶级启蒙思潮的影响，他对传统儒学采取了批判的态度，对程朱理学的批判尤甚。他在日记中写了大量抨击程朱理学的言论，认为中国学术之所以败坏，原因在于“三误”：“一误于荀卿，再误于郑元（按：指汉代经学家郑玄），三误于程、朱而极矣。”在他看来，“三误”之中，程朱造成的贻误最严重。他还批评说：“至程朱，又令尽弃名物象数，以求诸心性之内，好议论天下事，而不考核实理，于是又以痴语谬言流毒后世也。”无论是汉学，还是宋学，“皆自塞民智者也。于是为民贼者，始可肆行而无忌矣。”[①]对于程朱的“理气”说、人性说，他都发表了否定性的意见。像孙宝瑄这样一位出身于官宦之家、从小熟读《四书》、《五经》的仕官子弟，竟然对程朱理学厌恶到如此程度，可见理学在是时已经遭到读书人的普遍唾弃。

其次，清末科举制的废除和学堂制度的建立进一步缩小了理学的阵地，削弱了程朱理学的影响。程朱理学能够流传数百年之久，与科举制的实行密不可分。宋以后的封建王朝规定，宋儒尊奉的《四书》及朱熹的著作都是科举考试的法定内容，因而也成为举业教育的最主要科目。在科举制度的支配下，《四书》的作用超过

① 孙宝瑄：《忘山庐日记》上册，上海古籍出版社 1983 年版，第 120 页。

《五经》。学习《四书》既是通向《五经》的入门阶梯，又是猎取功名利禄的必由之途。然而由于近代学校制度的确立，学子的进升便不再受科举制的支配，彻底摆脱了《四书》的束缚。尽管清朝官方在当时极力强调新式学校必须要把学习《四书》、《五经》放在对学生教育的首位，然而，由于教育体制的变更，《四书》、《五经》在新式学堂中所占的比重大大降低，它们的独尊地位发生了空前严重的动摇。从此程朱理学再也不能像科举时代那样独霸中国的教育阵地了。科举制被近代学校制所取代，对于程朱理学来说无异于釜底抽薪。

其三，理学营垒本身生命力的衰竭。这一时期的理学派别不仅在思想理论上贫乏、僵化，缺乏创新的活力，而且在人才队伍方面也显得十分枯竭，无法与咸同时期的"盛况"相比。在这个行将倾覆的儒学殿堂里，竟然找不出像样的"宗师"出来为之振衰起弱。光绪朝中期以后，在清廷中以理学相标榜的显宦只有李鸿藻和徐桐二人。他们都是大学士，虽然讲理学，居高位，但在德、学、行各方面均无法与倭仁、李棠阶诸前辈相比，难以承担理学之继往开来的大任。

李鸿藻（1820—1897 年，嘉庆二十五年至光绪二十三年）曾以"人品端正，学问优长"的褒语，被大学士彭蕴章举荐入京，与大学士祁寯藻、翁心存、倭仁同为同治帝的师傅，用孔孟程朱之学辅导年幼的同治皇帝，参加过编纂《治平宝鉴》的工作。虽然有人称他"性至孝，为学守程朱，务实践，持躬俭约"，[1]然而他却把主要精力放在政治活动、派别纷争上，网罗一批翰詹谏台评议朝政，左右政

---

① 赵尔巽纂：《清史稿》第 41 册，中华书局 1977 年版，第 12368 页。

坛舆论，成为清流派的领袖，而对学术却不甚讲求。他身后除了留有一些未刊的日记、函稿、乡会试墨卷外，竟没有一部专言学术的传世之作。

徐桐（1819－1900年，嘉庆二十四年至光绪二十六年）仕途发达比李鸿藻稍晚。同治初年，他被选为帝师，1870年（同治九年）当上太常寺卿及署左副部御史，光绪朝后渐次升为尚书、协办大学士、大学士。徐桐素负理学名，曾撰成《大学衍义体要》进呈朝廷，于学术宗尚程朱，但不排斥陆王，对二者持调和态度，认为程朱陆王的差别只是方法上的不同。他说："程朱陆王门户判然，几同秦越。此讲学家习气，程朱陆王不任过也。程朱陆王资禀不同，故所由之途亦不同，而及其所至则一。"[①]徐桐虽出于倭仁门下，但其德、其学、其识逊之甚远。有人评论说："盖仁为理学，操行甚严，馈遗纤毫不入其门；桐则取冰炭敬，弗异诸官。其为掌院学士，亦未尝与所属讲学，然以谫陋，素为同龢等所嗤。"[②]据说，文廷式因徐桐讲学浅陋鄙俚，讥讽说："此为大儒之讲学乎？虽车夫亦能之也。"[③]这段材料虽然出于野史记载，但也能在某种程度上说明问题。此外，徐桐在政治思想上极端守旧，是戊戌政变前后清朝统治集团中守旧派的精神领袖。他对康有为等维新派成见极深。1888年（光绪十四年），康有为首次上书清帝，恳请变法，三次携书登门拜见徐桐，求其代奏。徐不唯不见，还斥康为"狂生"，并威胁自己的弟子门生不许与康有为交往，凡附合康氏言"改制"者，皆削弟子

---

① 徐桐：《汉学商克赘言附识》，豫师：《汉学商兑赘言》，光绪十三年刻本，第2页。

② 费行简：《慈禧传信录》，《戊戌变法》（中国近代史资料丛刊）第1册，神州国光社1953年版，第469页。

③ 徐珂：《清稗类钞》第8册，中华书局1984年版，第3791页。

籍。戊戌变法其间，徐桐对光绪帝任用康有为推行新政极端不满，诅咒说："多行不义，必自毙！"①对变法采取敌视态度。徐桐还承袭了倭仁盲目排外的思想，对一切外来物嫉视如仇。门人有谈西学者，不许入见。有人说："徐荫轩相国继高阳之后，为守旧党首领，生平最恶外人。"②戊戌政变后，西太后重用旧党，徐桐是最受信任的大臣之一。1900 年(光绪二十六年)初，他与另一旗籍理学大臣崇绮共谋倡立大阿哥，企图废黜光绪皇帝。义和团运动兴起后，他主张利用团民的力量实行排外。八国联军攻入北京，他见大势已去，自缢而死。崇绮则随荣禄逃到保定，居莲池书院，亦自缢而亡。徐桐和崇绮死后，高居清朝庙堂之公卿中再无人以理学相标榜了。

自光绪中期以后，理学出身的封疆大吏愈发寥寥，比较知名的有廖寿丰、于荫霖。他们都出自倭仁门下。廖寿丰当过浙江巡抚，于荫霖出任过湖北、河南、广西等地的巡抚。在任上，他们大都比较注意礼治教化，提倡正学，在士林中培养讲理学的风气。于荫霖在湖北曾整顿旧有书院，增拨经费，礼聘山长，制定学规，令诸生讲习宋五子《近思录》、《朱子小学》等书，"以植其基，兼及时务，责诸生日记，以验所得。"③他对朱熹和陆陇其最为推崇，在晚年开府治事，常常把《朱子全集》和陆陇其的《三鱼堂集》置于案头，以随时浏览，可见其信奉之虔诚。然而廖、于所处的时代与他们的前辈倭仁所处的时代相比，已经时过境迁，不能同日而语了，洋务运动已经普遍开展起来。这种情况使廖、于正

① 赵炳麟：《徐崇合传》，《赵柏巖文集》卷 3，民国十一年铅印本，第 7 页。
② 刘体仁：《异辞录》卷 3，上海书店 1984 年影印本，第 55 页。
③ 于翰笃：《于荫霖行述节略》，光绪年间刻本，第 4 页。

统的理学思想夹杂进一些洋务思想的成分，形成了“程朱为体，西学为用”的思想特征。据记载，廖寿丰在浙江巡抚任内，“以时局所趋，西学自不可废，乃亦开茧纱之厂，设蚕学之馆，颁示焙茶新法，试行内河小轮，奏设求是书院，兼课中西之学，并设工艺厂及武备学堂。”不过，他又忧虑“近人规摹其形似，剽窃其绪余，借以行其罔上梯荣之故习，不特西学无成，而我中国圣人之教且变而愈亡。其本应屏一切模糊影响之谈，而课其实事”。[①] 于荫霖曾经深忌洋务，在当湖北巡抚时常常与湖广总督张之洞的洋务政策发生抵触，“以为救时之计，在正人心、辨学术，若用夷变夏，恐异日之忧愈大”[②]。但到后来，他改变了自己原来的观点，赞成洋务新政，表示：“取人之长，当求实用，不当徒饰外观，人亦不能难之。”[③]这种变化对于这位曾经以“直言敢谏名闻天下”的“翰林四谏”之一的成员来说，是始料未及的。

在一般士大夫中，固守理学营垒者主要还是经历过咸同“中兴”的一代宿儒，较有代表性的是万斛泉和黄嗣东。

万斛泉（1810—1905 年，嘉庆十五年至光绪三十一年），字齐玉，号清轩，湖北兴国人。早年弃举业，潜心攻读程朱之书，以讲理学闻名于世。湖北学政龙启瑞曾聘他主持汉阳崇正书院。湖北巡抚胡林翼仰慕其学识，多次访求征聘，不出，遂向朝廷疏荐。清廷准奏，授万以七品顶戴。曾国藩也曾致书招之，万辞不就。咸同时先后主黄州、武昌及上海的龙门等书院。1882 年（光绪八年），湖

---

① 俞樾：《浙江巡抚廖公墓志铭》，《清代碑传全集》下册，上海古籍出版社 1987 年版，第 961 页。

② 《清史本传・于荫霖传》，载于《于中丞遗书》卷首，民国十二年北京刻本。

③ 同上书。

广总督涂宗瀛特疏荐万斛泉“恪守程朱之学，躬行实践，老而弥笃”，诏加国子监博士衔。1902年（光绪十八年），督抚会奏万斛泉“学行端纯，耄勤不倦”[①]，诏加五品卿衔。万斛泉主持过许多书院，始终在士林中倡导理学，不仅在国内有影响，而且还享誉海外。1901年（光绪二十七年），朝鲜国儒学学者徐相默携其弟子边尚玉来华，慕万之名专程到湖北叠山书院拜访，留住月余。两人朝夕论学，切磋探研，“偶涉浮夸，先生（按：指万斛泉）曰：志道之士，宜谦受益。徐曰：谨受教。”[②]万斛泉治学尤其推崇朱熹，教授学生一本朱子家法。他在《谕生徒》中就是如此向学生指示“进学门径”的：

> 童子八岁入学，即读小学书。小学毕，然后《四书》；《四书》毕，然后群经；群经毕，然后《大学》、《中庸》章句或问、《论》、《孟》集注及或问之合于集注者。治本经看司马《通鉴》，参以朱子《纲目》。读《楚辞》及真西山先生所选韩文诸书毕，然后学作文。又参以参考《近思录》、《近思续录》、陈北溪《字义》、《续字义》、周程张朱文集，与凡性理、治道、制度等书，讲明义理而笃行之。[③]

他所指示的“进学门径”不过是朱学家法的具体体现，渗透了程朱理学的教化精神。

黄嗣东（1846—1910年，道光二十六年至宣统二年），字小鲁，号鲁斋，晚号鲁叟，湖北汉阳人。曾任刑部郎中、陕西督粮道等职。他在陕西为官时，曾经与贺瑞麟、李用清、王逊卿等宿儒共同提倡程朱理学，辟鲁斋精舍招徒讲学。辞官后家居，潜心著述，著有《濂

---

① 《湖北通志·万斛泉传》，《清代碑传全集》下册，第1481页。

② 黄嗣东：《道学渊源录·清代篇》第4册，台湾明文书局1986年版，第888页。

③ 万斛泉：《尉山堂稿》卷9，光绪三十二年叠山书院刊本，第18页。

学编》、《道学渊源录》及《鲁叟诗钞》等书。《濂学编》仿冯从吾的《关学编》体例，系统阐述湖湘理学发展的来龙去脉，以表彰湖湘先哲为宗旨。《道学渊源录》共100卷，内分"河洛"、"洙泗"、"西汉"、"汉汾"、"濂洛"、"江汉"、"姚江"、"圣清"八编。以孔孟程朱为中心，叙述了从先秦到清代儒学的发展源流，是晚清篇幅最多的儒学学案。

总之，光宣时期讲理学的人物，无论是在朝的，还是在野的；无论是为官的，还是为士的，都远逊于咸同时期的盛况，呈现出一种衰败凋敝的景象。在这个营垒中仅有的几位知名人士全都是咸同时代遗留下的旧人，几乎没有后起的学者能够继往开来。可以说，传统理学自身的生命力已经消耗殆尽，在士林中丧失了起码的吸引力。程朱理学出现的这种衰败局面，不仅难以与方兴未艾的今文经学相抗衡，而且也不能与同时期的汉学营垒相比较。

第二章　程朱陆王的论辩与调和

嘉道年间，正当方东树、唐鉴等人积极振兴程朱理学的时候，理学营垒中的在野派陆王心学也在学界悄然复活了，尤其是王学更是引起一些学者的注意。在对待陆王思想的问题上，理学派士人表现出两种不同的态度，一种是排斥的态度，一种是调和的态度，在主张调和的理学士人中，有的是以陆王融合程朱，有的是以程朱融合陆王。理学正统派挑起的程朱陆王之辨虽然再次压抑了王学，但始终没有出现清初时期学界普遍性地批判王学的局面。程朱陆王调和论者为王学保留了一线存在延续的空间，使它得以在 19 世纪末 20 世纪初再度活跃在中国的思想学术界。

一、程朱陆王之辨

嘉道以后，理学开始“复苏”。部分正统派理学家在提倡程朱学说的同时，重新发起对陆王心学的批判，继续了历史上的程朱陆王之辨。

从道光朝开始，痛诋王学的著述不断问世。1844 年(道光二十四年)，湖南名儒罗泽南写成《姚江学辨》，用程朱派的观点从理论上系统地批判了王学。在当时刊行的这类著作中，罗氏此书是分量较重的一部。而唐鉴在 1845 年(道光二十五年)编著的《国朝学案小识》、刘廷诏刊行于1870年(同治九年)的《理学宗传辨正》,虽然在名义上是关于学术史方面的著作,但其写法却是用尊朱抑王的观点阐述学术变迁,诋毁陆王之学的内容充斥全书,实为辨学之作。此外,在吴廷栋、方东树、方宗诚等人的著述中也都包含了大量辩论陆王之学的内容。光绪年间,贺瑞麟陆续刊刻了七部辨学著作,即程曈的《闲辟录》、陈建的《学蔀通辨》、张烈的《王学质疑》、童能灵的《朱子为学考》、陈法的《明辨录》,以及方东树的《汉学商兑》、罗泽南的《姚江学辨》。其中除了方氏的著作之外,其余各书都谈的是关于程朱陆王学术论辨的内容。程曈、陈建是明代的学者,张烈、童能灵、陈法均为清朝前期学人。他们都是属于程朱派的理学家。这七部著作是程朱派在明清时期学术论辩中的代表作,大致反映出程朱陆王之辨在明清时期的发展轨迹。贺瑞麟重刊这些著作,无非是为斥王、排王提供历史根据,巩固程朱派的正宗地位。

在晚清,王学一没有打出自己的旗号,二没有形成一个独立的派别,在学界的影响微乎其微。既然如此,那么一些程朱派学者为何要对这个沉寂多年的学派大动干戈,重提程朱陆王之辨的旧话呢?究其原因,主要有以下几点:

首先是为了纯洁正宗儒学的道统和学统。理学正统派认为,自从王学在明代中叶兴起之后,它便被许多学人奉为神明,看成是圣道的嫡传正宗,打乱了程朱派原来建立起来的道统承传体系,使陆九渊、王阳明等心学派代表人物跻身于圣学道统传人的行列。这种儒学道统"紊乱"的情况,在清代初期由于理学的衰落,而使正统理学派没有来得及清理。因此,晚清理学家便企图通过学术论辩方式,把陆王的影响彻底从儒学道统中清除出去,从而巩固程朱理学在学界中的正宗地位。沈维鐈在为唐鉴的《国朝学案小识》所作的序中指出：

> 姚江提倡心学，专主良知，非圣无法。……而其余焰至国初未熄。太冲黄氏以名臣之子，任文献之宗，手辑《明儒学案》，宜如何廓清阴曀，力障狂澜，而乃袒护师说，主张姚江门户，揽金银铜铁为一器。……我友善化唐敬楷先生，秉承家学，著述皆有关系，兢兢于学术真伪之辨，谓统纪必一，则法度可明，涂辙可端。①

沈氏的这段话道出了当时部分正统派理学家热衷于程朱陆王之辨的基本原因。

其次是顾忌王学的思想观点死灰复燃，再次泛滥，成为影响风俗人心、妨害社会秩序的不稳定因素。因为王阳明提出了一整套自己的思想观点，与程朱的主张格格不入。这些思想观点被理学正统派看成有悖于圣道的异端邪说。在他们看来，明朝的灭亡完全是由于王学泛滥败坏了人心所造成的结果，对于王学尤其应该大力防范。罗泽南在致友人的一封信中曾经提到他撰写《姚江学辨》的动机，他说：

> 象山之学，已经朱子明辨，弟固未曾及。惟姚江良知之说，窃禅门之宗旨，乱吾儒之正道，虽经前人议论，而其中之似是而非者，尚未能一一剖析，故曾为明辨之，固非攘臂于已弊之虎狼，而欲居其除害之功也。②

这表明他主要是从维护清王朝封建统治的政治需要出发，把陆王

---

① 沈维鐈：《国朝学案小识序》，《四朝学案·清儒学案小识》，世界书局民国二十五年版。

② 罗泽南：《答云浦书》，《罗山遗集》卷6，同治二年长沙刻本，第17—18页。

心学当做危害封建秩序的"异端邪说"进行批判。因此,部分理学家对陆王学派的攻击不完全是学术之争,而是带有浓厚的政治色彩。

由于以上原因,理学派中的一些人再度对陆王之学展开批判。晚清的程朱陆王之辨首先把议论的焦点集中在辨道统的问题上。

道统说是自唐宋以来关于儒学承传统绪关系的一种学说,在儒学理论中占有重要的地位。理学中的各派对于道统说都很重视,提出诸多不同观点,发生过喋喋不休的争论。清初大儒孙奇逢曾说:

> 学之有宗,犹国之有统,家之有系也。系之宗有大有小,国之统有正有闰,而学之宗有天有心。今欲稽国之运数,当必分正统焉。溯家之本原,当先定大宗焉。论学之宗传,而不本诸天者,其非善学者也。①

按照正统儒学的解释,圣人之道有一个传授承续的统系,尧、舜、禹、汤、文、武、周公、孔子、孟子,就是圣道统系在先秦各时期的代表者、传授者,是圣道的人格化身。孟子以后,圣道式微,直至宋五子(指周敦颐、张载、程颢、程颐、朱熹五人)倡明理学,圣人之道才重显于世。依理学家观点来看,宋五子阐发圣道的功劳不在孟子之下,被视为孔孟当然的继承人,尤其是二程和朱熹被奉为一代儒宗,几与孔孟平起平坐。然而,自从陆王之学兴起之后,学术界独尊程朱的局面便被打破。陆九渊、王阳明的名气和影响日益增大,也被人尊为一代儒学宗师,甚至跻身于圣哲之列,配享文庙,几乎凌驾于程朱之上。这种情况在明末清初的许多学术史著作中反映

---

① 孙奇逢:《理学宗传序》,《理学宗传》,光绪六年浙江书局刊本。

出来。如黄宗羲的《明儒学案》便把王阳明与明代程朱派大儒薛瑄、曹端相提并论,称王氏之学可以“救学者支离眩鹜,务华而绝根之病”,“可谓震霆启寐,烈耀破迷。自孔孟以来,未有若此之深切著明者也。”[①]后来,这部著作被沈维鐈指责为“主张姚江门户,揽金银铜铁为一器”。

在正宗理学家的眼里,与黄宗羲同时代的孙奇逢撰写的《理学宗传》一书,更是具有“混淆”道统的“弊病”。孙氏从调和程朱陆王的观点出发,把陆九渊和王阳明都评价为继朱熹以后的儒学道统的代表人物。他把儒学历史分为“上古”、“中古”、“近古”三个时期,又把每一个时期划分为“元”、“亨”、“利”、“贞”四个阶段,对“圣道”在各个阶段时代表人物作了以下说明:

> 上古则羲皇其元,尧、舜其亨,禹、汤其利,文、武、周公其贞乎。中古之统,元其仲尼,亨其颜、曾,利其子思,贞其孟子乎。近古之统,元其周子,亨其程张,利其朱子,孰为今日之贞乎?……由濂洛而来且五百有余岁矣,则姚江岂非紫阳之贞乎?余谓元公接孔子生知之统,而孟子自负为见知静言,思之接周子之统者,非姚江其谁与归?[②]

他十分明确地把王阳明排列在“近古”阶段中的“贞”的位置上,认为王氏是续接朱熹之后的圣道正宗传人。在他看来,王学不仅不是异端,而且还与朱学一样,是“圣人之道”的一个组成部分。

黄宗羲和孙奇逢都是明末清初的学界泰斗,他们的主张在当时有着很大的影响。然而,他们袒护王学的观点在晚清理学家看

---

① 黄宗羲:《明儒学案》上册《师说》,中华书局 1985 年版,第 7 页。

② 孙奇逢:《理学宗传序》,《理学宗传》。

来则是混淆了儒学道统问题上的是非。于是便导致了正统理学家以卫道者自居,重新掀起批判王学的浪潮。其用意在于严辨道统上的是非正邪,以便把陆王等一切非程朱派学者逐出儒学殿堂,维护程朱在学界的宗主地位。

晚清正统理学派对道统的辨析主要表现在两个方面,一是辨析清代以前的儒学统系,一是清理清代的学术统系,建立起清代儒学的正宗统系。

对清代以前儒学统系的辨析集中地反映在河南儒生刘廷诏撰写的《理学宗传辨正》一书之中。这部著作主要用程朱派的观点阐述了清代以前儒学承传的历史,推翻了孙奇逢在《理学宗传》一书中提出的儒学宗传系统,提出了一个以宋五子及其后学为正宗的儒学承传体系。作者对孙奇逢的《理学宗传》持批评态度,认为该书把王阳明纳入儒学正宗行列是"以异学乱正学",导致了"宗失其宗,传失其传,裂道术而二之"[①]的后果。在否定孙奇逢的观点的基础上,作者提出了以宋五子为核心的道统承传说,指出:

> 然孔子删书断自唐虞,则道统之叙宜自唐虞始。统而言之,尧、舜其元也,禹、汤、文、武、周公其亨也,洙、泗、邹、鲁其利也,而濂、洛、关、闽其贞也。分而言之,在上之道统,则元其尧、舜,亨其禹、汤,利其文、武,而贞其周公乎。在下之道统,则元其仲尼,亨其颜、曾,利其思、孟,而贞其周、程、张、朱乎。又析而言之,孟子固为仲尼之贞矣,而周子则贞下而起元者

---

① 刘廷诏:《理学宗传辨正》第1册《后论》,同治十一年六安求我斋校刊本,第4页。

也。朱子则统诸儒而集其大成者也。周子固为元，程子固为亨，而大亨，而利在于正，可以朱子之一身当之。朱子固见知于周子，而实闻知于孔孟者也。①

在这里，他大大突出了宋儒的地位，尤其突出了朱熹的地位。在他的笔下，朱熹在道统中的分量远远高于诸儒。这一点也可以从该书所采用的体例上的差别中反映出来。书中提到的学者，上起西汉的董仲舒，下至明末的周汝奎，凡 178 人。根据这些人在儒学道统中的不同评价和地位，作者分别把他们归入“正传”、“列传”、“附传”之中。“正传”层次最高，排在各传之前。列入“正传”者只有宋五子，即周敦颐、程颢、程颐、张载和朱熹五人，每人各占一卷篇幅，以显赫的地位表明他们是儒学道统的正宗传人。其余各儒，包括汉朝的董仲舒、唐代的韩愈、宋代的程朱诸弟子，及元明两朝尊崇程朱的理学家，都被归入“列传”之中，表明属于圣人之徒，给予肯定的地位。被列入“附传”的是陆九渊、王阳明及其弟子门人杨简、王艮、王畿、罗汝芳、薛侃等 20 人。在黄宗羲、孙奇逢的著作中，陆王派学人都堂而皇之地占有显要的位置，与程朱派学人平起平坐，都被当成圣学门徒。而在刘廷诏的著作中，陆王派学人统统被从圣学体系中剔除出去，贬入“附传”之中，这其实是在明确表示他们的学术不属于圣人之道的范围，是地地道道的“异端邪说”。刘廷诏对孙奇逢《理学宗传》的“辨正”，反映出晚清程朱派对清代以前儒学统系的清理。

晚清理学家认为，清代的儒学统系同样鱼龙混杂，亟待用正统的观点进行“辨正”。这不仅因为陆王之学在清初没有得到认真的

① 刘廷诏：《理学宗传辨正》第 1 册《后论》，第 4 页。

清理，致使清代学术统系混淆，而且连儒学在清朝的正宗传人也没有确立。按照正统理学家的观点，朱熹以后的传道人是黄干、真德秀；在元代，赵复、许衡、金履祥是“正学”的代表人物；明代的理学正宗传人则是薛瑄、曹端、胡居仁等。而理学发展到清代，很快就受到强大的考据学潮流的冲击，尚未完成关于道统的清理就衰败下来。所以晚清理学家把确立清朝理学正宗传人的问题看得十分重要。1845 年，唐鉴写成《国朝学案小识》一书，用程朱派的观点对清代的学术统系作了一番“辨正”，完成了晚清正统理学派对清代道统的辨析工作。

唐鉴此书的宗旨可以用“黜王”、“尊朱”、“扬陆”六个字来概括。“扬陆”中之“陆”指的是清初理学家陆陇其，这是唐鉴确定的程朱理学在清代四位“传道者”中的首要人物。唐鉴在书序中有一段纲领性的话，对这一宗旨阐述详明，兹录如下：

> 明之有阳明、横浦象山（引者按：指陆九渊）之流也，而其焰炽于横浦象山，以朱子为洪水猛兽，以孔子为九千镒，是竟欲变朱子之道，而上及于孔子者也。而及其后也，龙溪（按：即王畿，王阳明弟子）、泰州（按：即王艮，王阳明弟子）、山农（按：即颜钧，王门学人）、海门（按：即周汝登，王门学人）诸人，尊师说而益肆，无所忌惮。数十年间，若傎若醉，不知何者为洛闽，并不知何者为洙泗，惝恍迷离，任其心之所至而已，而甚者遂至于犯法乱纪，而不之顾。入国朝，其流波余烬尚未熄也。平湖陆子，起而辟之；而桐乡（按：即张履祥）、太仓（按：即陆世仪）、仪封（按：即张伯行）三先生先后其间，与陆子同。夫而后天下之学者，上之则相与为辅翼，次之亦不失所持循，即一名一物之长，一字一句之是，或以明故训，或以征博闻，消其意

见，去乃诋訾，亦何不可进于道哉！[①]

这段话包含了两层意思，一是强调了王学泛滥造成严重后果的危害性，一是对陆陇其、张履祥、陆世仪、张伯行四位清初理学家起而辟王、力挽狂澜的肯定，集中体现了该书“尊朱黜王”的写作宗旨。

按照“尊朱黜王”的观点和标准，唐鉴把清代学术分成“道学学案”、“经学学案”和“心宗学案”三大类，并以此把清代诸儒分成不同的层次，纳入这三类学案之中。所谓“道学”即程朱理学，也就是唐鉴认为的“正学”，这是清代学术的正宗，置于全书之首。在“道学学案”中，唐鉴又以学术的纯驳程度及对道学阐扬作用的大小分为“传道学案”、“翼道学案”、“守道学案”，地位最重要的是“传道学案”。有资格列入“传道学案”中的只有四个人，即陆陇其、张履祥、陆世仪和张伯行，为首者是陆陇其。显然，唐鉴把这四人确立为程朱理学在清代的正宗传人。在占有的篇幅上，“传道”四人也与众不同，占有大量篇幅。卷一只有陆陇其、张履祥，卷二只有陆世仪、张伯行，每人占半卷篇幅，论述充分详尽。其他各学案大都数人、十数人，甚至数十人为一卷，介绍相对简略。从各卷篇幅的差别上就可以看出“传道学案”四人在唐鉴心目中的特殊地位。继“传道学案”之后是“翼道学案”，凡三卷，主要人物有汤斌、顾炎武、张尔歧、王夫之、胡承诺、张烈、魏象枢、朱轼、王懋竑、姚鼐等 19 人；继之为“守道学案”，凡四卷，包括了于成龙、魏裔阶、李光地、方苞、童能灵、孟超然、朱泽沄等 45 人。“道学”类下还有“待访录”二卷，收录学者计 68 人。总计在“道学”类中，包括“传道学案”、“翼道学案”、“守道学案”及“待访录”在内，共收录学者 146 人，大体上反映

---

① 唐鉴:《国朝学案小识后序》,《四朝学案·清学案小识》。

出清代在道光朝中期以前理学阵营的基本状况。“经学学案”共四卷(“待访录”算在内),包括了黄宗羲、阎若璩、胡渭、惠栋、戴震等汉学学者116人。列入“卷末”者为“心宗学案”,算上“待访录”共收录了九位学者,都是陆王派学人。作者对这一派学者的介绍不仅充满批评、否定的言辞,而且内容极其简略,实际上是把这派人排除在清代儒学统系以外。

唐鉴的《国朝学案小识》比较详细地介绍了清代道光中期以前的百余位理学家的情况,大体反映出这个时期理学发展的概况和主要成果,保存了一些清代前半期理学发展的资料,这是它的价值所在。然而这部学术著作同样存在比较严重的缺陷。它的一个突出的缺陷就是带有浓厚的门户习气。在对清代各派学者的介绍、评价中,明显地褒扬、溢美程朱理学派,对治汉学和心学的学者则采取排斥态度。由于把程朱理学放在突出的位置,给人以清代的理学盛于汉学的印象,这与当时学界的实际情况完全不相符合。不过,唐氏的这部著作对于晚清的理学发展还是有积极作用的,它不仅用程朱派的观点对清代中前期的理学作了一番总结,而且建立起了以陆陇其为首的清代儒学道统。唐鉴如此看重陆陇其,主要基于两个理由:

第一,他认为陆陇其讲学醇正,恪守程朱之学的传统,最得朱学真传,尊陆陇其就是尊程朱,他说:

> 观先生积诚励行,孳孳不已,自修身正家,以及莅官立朝,动准古人,罔有阙失,俨然程朱之气象,亦卓然程朱之事为。学程朱如先生,则亦程朱也矣。[①]

---

① 唐鉴:《国朝学案小识》卷1,《四朝学案·清学案小识》,第4页。

言外之意，陆陇其最有资格充当清代儒学的宗主。

第二，陆陇其讲究学术上的正邪、是非之辨，曾经激烈地抨击过陆王之学，是清代学界“黜邪卫道”的“功臣”。唐鉴说：

> 自平湖陆先生始重传道也，有先生之辨之力，而后知阳明之学，断不能傅会于程朱。[①]

又说：

> 国朝稼书、杨园两先生起而昌之，扫荡群嚣，统归一是。其行至卓，其辨至严，谓非许、薛、胡、罗之后劲，周、程、张、朱之继绪乎？[②]

这些评价反映出陆陇其在辨学中所起的重要作用。

唐鉴提出的以陆陇其等四人为首的清代儒学统系得到理学派的认同。何桂珍完全赞成唐鉴的这一观点，称该学案“自陆子以次，标其正宗，衍其支派，判其歧途，严而不苟，简而能尽”，读该书“益信陆子之为当代正学也”[③]。贺瑞麟与唐氏一样，对陆陇其甚为推崇，称赞陆氏有“传圣道之统，发明朱子以及孔、曾、思、孟之宏纲奥旨”[④]之功。不过他用更为严格的正统理学标准审视作为清代儒学“传道”四人，认为陆世仪的学术尚欠纯粹，不应列入“传道”者的行列。他说：“陆稼书为国朝理学之宗，次杨园，次仪封。若桴亭著述虽多，间有不纯处。”[⑤]对唐鉴关于陆世仪的评价稍稍表示了异议。

---

① 唐鉴：《国朝学案小识自序》，《四朝学案·清学案小识》。

② 唐鉴：《读理学正宗序》，《唐确慎公集》卷1，光绪元年刊本，第32页。

③ 何桂珍：《国朝学案小识跋》，《四朝学案·清学案小识》。

④ 贺瑞麟：《书重刊松阳讲义目录后》，《清麓文集》卷2，民国七年刻本，第25页。

⑤ 贺瑞麟：《清麓答问》卷3，民国七年刻本，第38页。

在辨析道统的基础上，晚清理学家大张旗鼓地对陆王心学从学理上进行了批判。方宗诚在论述程朱陆王之辨时指出：对于陆王心学的“偏蔽”，“朱子、胡敬斋、罗整庵各致争于生前。其后陈清澜《学蔀通辨》、张武承《王学质疑》、顾亭林《日知录》、陈定斋《王学辨》、罗忠节公泽南《阳明学辨》，以及张杨园、陆清献、张清恪、倭文端、吴竹如先生诸儒集中，皆已辨之极其明矣。”①在他开列的这个名单中，涉及晚清的学者有罗泽南、倭仁和吴廷栋三人。

倭仁论学“确守程朱居敬穷理之训”，“拒绝王学甚严”②，著书立说不糅杂丝毫王学的影响，能够从学理上与王学划清界限，但他很少正面抨击王学，在程朱陆王之辨中并不具有代表性。

吴廷栋治学十分注重分辨入学门径，严守程朱家法而排斥其他学派，对陆王心学诋排尤力。方宗诚因而称其有陆陇其的遗风，评价说：

> 国朝自平湖陆清献公，以正学清德为圣祖朝名臣。论者谓其学之精纯，直接程朱之统。越百余年而有少司寇霍山吴公，承清献之后而独有得于程朱论学之宗。其行身居官，清风直节，又足与之相埒。天下知与不知，皆不称其官而称其德，尊之曰竹如先生。③

咸丰时，吴廷栋在山东为官，曾就心性、儒、释等问题与安徽儒生方潜进行过学术论辩。方潜原来究心于陆王心学，曾著《心述》

---

① 方宗诚：《志学录》卷 8，光绪三年刻本，第 31 页。

② 吴廷栋：《与方存之学博书》，《拙修集》卷 9，同治十年六安求我斋刊本，第 14 页。

③ 方宗诚：《光禄大夫刑部右侍郎吴公神道碑铭》，《清代碑传全集》下册，第 855 页。

七册就教于吴廷栋。该书大旨欲合儒、释、道为一体，渗透着许多王学观点。吴廷栋阅后认为："其心精力果足以鼓动后学，殊觉可畏，既悯其陷溺之深，复惧其流毒之远，因答书微见其意。"[①]为了"挽救"这位溺于"异说"的学子，吴廷栋先后与方潜往还书信20余次，辩论学术上的是非问题。他用程朱派观点纠正方潜《心述》中的王学"谬误"，"先辨其心即理之谬，后辨其心无生死之说"[②]，终于使方氏"豁然大悟"，放弃了王学立场，改宗程朱。为了表示自己的"觉悟"，方潜复著《性述》一文，对自己原来的观点作了反省，表示了对吴廷栋论学的服膺。吴廷栋对对方的转变甚为得意，欣然致书倭仁说："学子中挽回此一人，亦大举也。"[③]

在晚清，从学理上系统而全面地论述程朱陆王之辨的是罗泽南写的《姚江学辨》。这部著作分为上下两卷，共五万余言，主要内容是用程朱的"性"、"理"至上论反对陆王的"心即理"说，用"格物致知"论否定王阳明的"知行合一"说，用程朱"涵养"、"渐进"的入圣门径反对陆王的"悟性"、"悟领"的至圣之道，从宇宙观到方法论，从哲学思想到道德观念，对王学进行了全面性的抨击。罗泽南认为，程朱与陆王是截然对立的两种学术体系，"其本体异也，其大用异也"。在"本体"方面的不同表现为：

> 朱子以性为有善无恶，阳明以性为无善无恶也。朱子以性为理，心不可谓之性；阳明以心为性，吾心之灵觉即大理也。朱子以仁、义、礼、智为性之本然，阳明以仁、义、礼、智为心之表德也。此本体之所以异也。

① 方宗诚:《吴竹如先生年谱》，光绪四年畿辅志局刻本，第47页。
② 方宗诚:《吴竹如先生年谱》，第49页。
③ 徐世昌编:《清儒学案》卷159《拙修学案》，第20页。

二者在“大用”方面的对立则是：

若失善念之发，朱子以为率性，阳明则谓心体上著不得些子善念也。好善恶恶，朱子以为皆务决去而求心得之；阳明则谓心之本体本无一物，著意去好善恶恶，又是多了这分意思也。万事万物，朱子以其理悬于心，日用伦常各有当然之则；阳明则以事物为外来之感应，与心体无涉，以事事物物各有定理，是为揣摩测度于其外也。此大用之所异也。……两家意旨如冰炭之不相入，此是则彼非，此非则彼是，势有不可两立者。①

这些内容大体概括了朱学与王学的主要分歧点，也揭示出罗泽南辨学的提纲。

罗泽南首先从“本体”辨起，引用了王阳明《传习录》所说的“四句教”作为批判的靶子。王氏的“四句教”是：“无善无恶是心之体，有善有意是意之动，知善知恶是良知，为善去恶是格物。”王氏对“本体”的理解有两层意思，一是把“心”当做宇宙的大本大源，这个“本体”是无善无恶的；二是“本体即工夫”，本体、工夫原为一体，无内外之分。这是王阳明论学的全部出发点，也是王学思想的理论基础。罗泽南则根据程朱以“性理为本”的观点否定了王学的“心为本体”论，坚持程朱“性理至上”的学说。他认为“人之为学”，归根结底是“复性明理”，要达到这个目的必须依靠一定的“工夫”。“本体”与“工夫”既相互联系，又不可混为一体，二者之间是“体”与“用”的关系。因此，王阳明把二者混为一谈是有悖于圣道的。罗泽南抨击王氏“本体即工夫”论说：

---

①　罗泽南：《姚江学辨》卷2，同治二年长沙刻本，第49－50页。

> 自无善无恶之教行，为其学者率多言本体，不言工夫。夫吾儒之学，有本体斯有工夫者也。……工夫有一毫之不至，本体即有一毫之不尽。是本体之外无工夫，工夫正所以完其本体也。知本体为至善，即工夫，即本体矣；以无善为本体，有本体无工夫矣。以工夫适足为本体累也，虽假为善去恶之言以遮盖其头面，实崇无善无恶之教以大张其宗风，扫除学问，捐弃实修，使天下之士尽不知荡检踰闲之为非。其为世道人心之忧可胜言哉！①

由于王学合“本体”、“工夫”为一，导出了“致良知”的结论，确立起“吾心良知”为认识标准，打破了程朱以古圣贤之教为标准的限制，容易发展为“离经叛道”，所以罗氏一再强调王学把“本体”与“工夫”合二为一就是否定了“工夫”，“废绳墨以示人”，最终会导致人们无视纲常名教的结果。他强调说，人之应物能够做出是非判断，不取决于“心”的主宰，而取决于“心”中之“理”的支配作用。“我之应物有定者也，感我以是吾，即吾心之理衡之，有以知其为是，则遂以是应之；感吾以非吾，即吾心之理度之，有以知其为非则遂以为非而去之。”如果没有“理”作万物的“本体”，天下万物无异于“无星之秤，无寸之尺”，“将以何者为准乎？……如太虚中之浮云聚散，或往或来，皆与苍苍者无涉，安得不至于大决藩篱，猖狂自恣哉？”②

王学的核心是“良知”说。这自然也是罗泽南辨析的一个重要方面。罗泽南在《姚江学辨》卷下主要从认识论、方法论

① 罗泽南：《姚江学辨》卷上，第 3 页。

② 罗泽南：《姚江学辨》卷下，第 7 页。

的角度抨击王学的“良知”说。王阳明把“心”当作本体，“良知”则是“心”固有的属性。“良知”不仅是先验的，而且能派生天地，与朱熹所说的“理”具有同样的哲学意义上的至上性。于是他把世间万事万物都包含在“心”的“良知”中，认识“本心”的“良知”，也就达到了对一切真理的把握，因此，学习或追求知识只是体认“吾心”中的“良知”。基于这种理论，他把“格物致知”作了与朱熹完全不同的解释，他说：“所谓致知格物者，致吾心之良知于事事物物也。吾心之良知即天理也，致吾心良知之天理于事事物物，则事事物物皆得其理矣。致吾心之良知者，致知也，事事物物皆得其理者，格物也。”[①]按照王阳明的说法，人们只需要扩充、发挥“心”中的“良知”，就能够达到对封建道德原则的认识和实行，完全不需要后天的向外学习。这就把朱熹主张的一整套“居敬穷理”、“格物致知”的工夫给完全否定了。

罗泽南在批驳这种观点时指出：“心”之所以能够起到认识、思维的作用，主要是靠它所具有的“意”和“知”的功能。他说：“意即心之意念，知即心之知觉也。然心主全体而言，该动静者也，意则就其发动处言也，意是主张做这事，知是精察此事之是非，是亦各有所属矣。”[②]“心、意、知”虽然具备了认识的职能，但最后如果没有“理”的主宰，是决然不能产生“良知”，认识万物的。他说：“兹之论良知之不可恃也。既曰良知，善即知其为善，恶即知其为恶，则良知无待于致矣。良知犹待于致，不得谓之良

---

① 罗泽南：《姚江学辨》卷下，第 10 页。

② 同上书，第 11 页。

知矣。”[①]“良知”既然要靠“致”的工夫才能达到，那么就说明它本身是不可靠的，并非“全知全能”。罗氏认为：“良知”说的错谬，就在于把“本体”与“工夫”、“诚意”与“格物”混为一谈，用前者取代了后者，他说：

> 阳明之所欲浑同者，知行合一也，博约合一也，理气合一也，心性合一也，动静合一也，已发未发合一也，明德新民合一也，格致诚正修合一也。……阳明必浑同言之者，必如是而后可以托空归寂也。乐简易，堕实修，自谓阐尧舜之正传，为孔氏之心印，诬圣贤乎，抑亦自诬乎。有心世教者能不为之惧哉！[②]

罗泽南反复强调“本体”与“工夫”不能“浑同”，“格致”工夫不能废除，“明明德，纲也；格致诚正修，目也。目虽有五，只完得明明德一事。明德虽一，工夫实各有其节次，必此五者之兼尽而后明德始明。身曰修，心曰正，意曰诚，知曰致，物曰格，节节有工夫在，此功之不可阙也。曰先曰而后工夫，如是之循循做去，此序不可乱也。”[③]

程朱派学者在批评王学时，总要把王学与佛教扯在一起，称之为“阳儒阴释”之学，以此否认王学的儒学属性，彻底把它否定。方东树在《辨道论》中批评说：“王氏之学既以全乎佛，而又必混于儒。……陆氏、王氏其取于孟子也同，其流而入于佛也亦同，而王氏之失弥甚。”[④]吴廷栋认为，陆王之学最根本性的过失就是流于“禅”。他说：“陆王之学，儒者直斥之为禅，世或疑为大过，不知此

---

① 罗泽南：《姚江学辨》卷下，第 11 页。
② 同上书，第 12—13 页。
③ 同上书，第 7 页。
④ 方东村：《辨道论》，《仪卫轩文集》卷 1，同治七年刻本，第 12、13 页。

正由不明于心性之辨也。禅宗认心为性，乃其本原差处，而陆王谓心即理，其误亦实根于此。”[1]罗泽南在批评王学时，同样提到这个问题，认为王阳明把“无善无恶”称为“心之本体”，是把本来实在的“本体”变为“虚寂”。这种“本体”，“即佛氏之所谓常住不动，真性如如者也”。可见王学与佛学在根本上是相通的。他把王学与佛学作了比较，指出：

> 阳明之学与佛氏有异乎？曰有。佛氏怕著相，逃却父子、君臣、夫妇；阳明不怕著相，犹在父子、君臣、夫妇之中也。然则有同与？曰有。佛氏说空寂，事物有着，使为罣碍，所以父子、君臣、夫妇必欲从而弃之；阳明说良知，惟恃此一心之灵明以应万物，即终日应酬，此心之空寂者自在，所谓不著父子、君臣、夫妇的相者，随物现形和镜中花，日在父子、君臣、夫妇之中，父子、君臣、夫妇仍与本体无干也。……阳明欲以吾儒之道揜佛氏之失，而又仍以佛氏之心行吾儒之道。……其有父子、君臣、夫妇虽与佛氏异，而其所以视夫父子、君臣、夫妇者，实与佛氏同矣。弥近似弥乱真，不诚然哉！[2]

也就是说，阳明之学与佛教的“异”是表相，是次要的；它们的“同”是实质性的，是主要的。阳明之学虽然承认君臣父子等人伦关系，表面上不同于佛教弃绝人伦的做法，但由于“心之本体”是“空寂”的，所讲的人伦关系不过“如镜中花”，在“本体”上并不存在。在罗看来，王学讲人伦只见著于表相，而不见著于“本体”，实际上是佛门说教的翻版。这就把王学从儒学系统中清除出去，视之为佛门

① 吴廷栋：《寄倭艮峰中堂书》，《拙修集》卷 9，第 20 页。

② 罗泽南：《姚江学辨》卷上，第 27—28 页。

的变种。罗泽南还从王阳明的学术渊源上说明王学归于佛门的必然性，他说：

> 阳明自幼酷好二氏，十七岁入铁柱宫，见有道者叩之，得闻养生之术。后又闻地藏洞有异人坐卧松毛，不火食，历岩险访之。因论最一上乘，乃筑室阳明洞中，行导引术。……五十岁居南昌，始揭良知之学教人，自谓千圣相传一点骨血，圣贤实有之旨尽从而变乱之。盖其浸淫于二氏者深矣。①

罗泽南的《姚江学辨》用程朱派的观点，从学理上全面地批判了阳明之学，涉及广泛的理学基本范畴，如"本体"与"工夫"、心与理、性与气、性之本质、"良知"说，"致良知"、"天人合一"。"格物致知"，以及儒学与佛老关系等。该书通过对上述问题的论辩，重申了程朱的基本观点，揭示了王学的"谬误"，起到了"卫道"的作用，对清末理学"复兴"产生了积极的影响。正因为如此，这部著作受到晚清理学家的高度评价。贺瑞麟说："予向见其（按：指罗泽南）著述恪守程朱，《姚江学辨》一编，真足为吾道干城。"②方宗诚把罗泽南尊朱黜王的作用，与罗钦顺、张履祥、陆陇其、张伯行、张烈等明清时期的理学家相提并论，他说："惟罗整庵、张杨园、陆清献、陈清澜、张清恪、张武承、陈定斋以及近世之罗忠节，则专宗守程朱之言，而严辨陆王似是之非，不遗余力。"③唐鉴称赞罗泽南的著述"造诣精纯，识量宏大，知不离乎物，则独不欺乎意，心无袭取于外，无幻托于空，斥阳明之顿悟，探伊洛之渊源，孜孜焉以崇正学，辟异

---

① 罗泽南：《姚江学辨》卷上，第3页。

② 贺瑞麟：《重刻小学韵语序》，《清麓文集》卷2，第4页。

③ 方宗诚：《序石埭杨先生读阳明集拙语》，陈澹然：《方柏堂先生事实考略》卷2，清末活字印本，第16页。

端，正人心，明圣教为己任”。[①] 所以说，罗泽南的《姚江学辨》在晚清批评王学的程朱派理学著作中最具代表性。

然而，晚清学界兴起的程朱陆王之辨并没有演化成大规模的学术论争。其原因在于：一是这场论辩只有论辩之名，而无论辩之实，王学作为论战的一方在现实中并不作为一个学派而存在，致使在论辩中只见到程朱派连篇累牍地攻击对手，而见不到对方的反击回应。没有对手的论战是无法持续下去的。二是同光时期学界盛行主张各派学术观点并立共存、兼收并蓄的思想潮流。这种要求同样反映到理学营垒内部，使不少理学家对旷日持久的程朱陆王之辨日益兴趣淡漠，转而主张二者的调和。这就使得程朱陆王两派思想由“分”而趋于“合”。

二、陆王思想的“复苏”及其与程朱的附合

清朝初年，曾经盛极一时的王学受到来自程朱学派和考据学派的双重打击，清朝统治者也从巩固自己统治地位的政治需求出发对王学另眼看待，大大恶化了王学生存的客观环境，致使王学从此一蹶不振，甚至成为讲学禁忌。然而，王学并没有因此而成为绝响，在乾嘉时代的一些著述中，程度不同地保存了王学的思想因素，这些因素便成为它在晚清萌发的内在条件。

晚清的陆王心学是在嘉道时期开始“复苏”的。自是时起，一些学者摒弃了理学正统派排斥陆王的门户之见，对这一学派的思想产生了兴趣。当时的著名思想家龚自珍、魏源都曾经研究过陆

---

① 唐鉴：《罗罗山西铭讲义序》，《唐确慎公集》卷1，第24页。

王的学说。龚自珍提出"我"造万物的观点，带有王阳明"心"学的明显烙印，反映出他对王学的接纳态度。魏源在早年也曾"究心阳明之学"，[①]并撰《王文成公赞》称赞王阳明："道学传孟、陆之说，事功如伊尹之任；与程、朱皆百世之师，如夷、惠各得其所近之性。"[②]龚、魏尽管受到陆王学说的影响，吸收了陆王的一些观点，但是他们的学术主旨仍然是今文经学，并没有打出陆王之学的旗号。相比之下，王学倾向比较明显的是另一些学者。其中主要代表人物有佟景文、宗稷辰、吴嘉宾、刘光蕡等人。

佟景文（1776—1836 年，乾隆四十一年至道光十六年），字质夫，号敬堂，又号艾生，汉军镶黄旗人，嘉庆进士，官安徽布政使，先治宋学，后专治陆王之学，"主张陆王无害于宋学"。[③] 李棠阶早年曾与佟景文订交讲学。李氏所持调和程朱陆王的观点多受他的影响。佟景文还与宗稷辰交谊颇深，多有学术往还。

宗稷辰（1788—1867 年，乾隆五十三年至同治六年），原名续辰，字涤甫，号涤楼，浙江会稽人。道光举人，授内阁中书，充军机章京，迁户部员外郎。咸丰初，补授山东道监察御史，官至山东运河道。告归后，历主濂溪、虎溪等书院，著有《四书体味录》、《躬耻斋文钞》等。于学术，宗稷辰则有明显的王学倾向，正如时人所论："宗涤甫先生乃合王、刘之旨而一之，体忠孝，修仁义，推之于外。肫然也秩然也，昌越学以翼闽学。见者始而疑，继而诋，终且翕然信。"[④]引文中所说的"昌越学"即指对于王学的提倡。

---

① 魏耆：《邵阳魏府君事略》，《魏源集》下册，中华书局 1976 年版，第 847 页。
② 《魏源集》上册，第 319 页。
③ 宋稷辰：《佟敬堂先生墓表》，《清代碑传全集》下册，第 1174 页。
④ 王柏心：《甫宗先生墓志铭》，《碑传集补》卷 17，《清代碑传全集》下册，第 1362 页。

吴嘉宾(1803—1864 年,嘉庆八年至同治三年),字子序,江西南丰人,道光年间进士,授编修。咸丰间以内阁中书治乡兵,死于战事。通经学,长于古文辞,于陆王之学深有研究。论者称:"嘉宾学宗阳明,而治经字疏句释以求据依,非专言心学者,其要归在潜心独悟,力求自得。"[①]著有《周易说》、《书说》、《诗说》、《求自得之室文钞》等。

刘光蕡(1843—1903 年,道光二十三年至光绪二十九年),字焕唐,号古愚,陕西咸阳人。光绪举人,失意于科举,设学授徒,历主陕西泾阳、味经、崇实、泾干等书院。究心汉宋诸儒之说,尤喜王学,主通经致用,并赞同新学新法。成书数十种,主要有《立政臆解》、《学记臆解》、《论语时习录》、《烟霞草堂文诗集》等。

以上数人所处政治背景不同,讲学特点各异,但是有一个共同之处就是尊重和提倡王学。这在当时的学界是不多见的现象。

在学术思想方面,宗稷辰等人接受了陆王学说的一些重要观点,并对陆王的学说作出自己的解释,体现出较多的陆王学的特点。他们对陆王之学,尤其是王阳明的"心本体"说、"致良知"等思想都很赞同。"心"或"本心"是陆王学说中最基本的范畴,与"理""道"作为同等概念来对待,具有宇宙本体论的意义。吴嘉宾、宗稷辰等人亦持此观点。吴嘉宾在《释学》一文中说:"夫道尝出于吾心之自然,而为道者尝出于学。"[②]意思是说,"道"是"心"的自然表露,"心"不仅与"道"具有同样的意义,而且还先于"道"而存在。他借孟子之口强调"心"的本体意义,指出:"孟子

① 赵尔巽等编:《清史稿》卷 480,中华书局 1977 年版,第 13156 页。
② 吴嘉宾:《释学》,《求自得之室文钞》卷 1,同治五年广州刻本,第 1 页。

曰:养其大体为大人。所谓大体者,非心之谓乎。”[①]孟子把人体的器官分为“大体”和“小体”。“大体”指的是“心”,“小体”指的是耳、目、鼻、口等其他感官。它们的关系是“大体”支配“小体”,“心”具有“体”的地位和作用。孟子的这段话历来被陆王派学者奉为讲学根据。基于这种观点,宗稷辰对王学作了这样的概括:“阳明之学从天道入者也。惟其得天之圆,是以有觉于一心,即可觉人人之心;有格于一物,即可格物物之事。而其人我事物之无不周偏者,实大圆之中藏大方焉,天道之中涵人道焉。”[②]强调了王学虽然言“心”,但却符合“天道”。由于认同了陆王的“心”说,吴、宗等人的思想带有明显的主观唯心论的倾向,比较注重对主观意识的研究。在这方面宗稷辰写有《深虑篇》、《沈几篇》、《远见篇》、《去累篇》、《齐本篇》、《养源篇》、《裕本篇》[③]等文章。吴嘉宾写有《释学》、《释道》、《释德》、《释性》、《释心》、《释思》、《释神分》、《释易简》[④]等文章。这些文章虽然涉及理学领域的各个方面,但重点论述的是有关“心”、“意”、“几”、“虑”等主观意识方面的问题。总的倾向是强调人的主观思维意识、心理活动对个人行为及“齐家、治国、平天下”等“外务”的决定性影响。宗稷辰在《沈几篇》中把“沈几”视为人的一切思想言行的关键所在,指出:“将欲通天下之务,非见几不能照;将欲穷天下之理,非研几不能神;将欲陈天下之善,而闲天下之邪,非知几皆不能决。”[⑤]

---

① 吴嘉宾:《释心》,《求自得之室文钞》卷1,第16页。

② 宗稷辰:《答黄树斋论姚江》,《躬耻斋文钞》卷2,咸丰元年刻本,第30页。

③ 均见于《躬耻斋文钞》。

④ 均见于《求自得之室文钞》。

⑤ 宗稷辰:《沈几篇》,《躬耻斋文钞》卷1,第2页。

“几”的本意是指事物变化之前表现出的征兆。吴嘉宾解释说："所谓几者何欤？《易》曰：知其神乎。君子上至不谄，下至不渎，其知几乎。几者，动之微吉之先见者也。"[①]这里讲的是“几”的本来意义。后来理学家把“几”的概念引入认识论，成为专门阐述心理活动、思维意识的一个范畴，把由于“心”动而产生的最初的意念称为“几”。所以“正心”离不开“诚意”，而“诚意”则离不开“察几”或“沈几”。“沈几”的成功与否就成为养“心”、治“心”的关键所在。宗稷辰用对比的方式阐述了这个道理，他说：

试今静、躁二人同居一堂，必躁者臣而静者君；共为一事，必静者成而躁者败；共处一境，必静者安而躁者危。无他，于其几之沈不沈定之耳。[②]

由此他得出结论说："故儒者将练事先练心也，心能练成宏毅，乃可以任重远也。"[③]他还认为，“沈几”不仅关系到个人道德修养，而且会影响“治国平天下”的效果。只有善于治“心”、“察几”，才能“以实心行实政”，在用人行政上不会出问题。他说：

故朝廷之上，非沈几则政令不肃；军旅之事，非沈几则筹策不精；进退人才之际，非沈几则机缄不密；判决是非之地，非沈几则断制不严；扶危定倾、去邪锄暴之时，非沈几则干济不足。[④]

这些论述都体现了王阳明“心”学的基本精神。

陆王心学的特点是强调“尊德性”，注定向内求知，侧重于发挥

---

① 吴嘉宾：《释几》，《求自得之室文钞》卷1，第31页。

② 宗稷辰：《沈几篇》，《躬耻斋文钞》卷1，第2页。

③ 同上。

④ 同上。

主观认识的作用。这一特点同样为吴、宗等人所继承。吴嘉宾在谈到治学的问题时说，颜渊所以成为孔子的高弟，就在于他能“学于己”：

学于师者服师之服，诵师之言，行师之行；学于己者，知己之耳目口体无以异乎师之耳目口体也，则知师之心亦无以异乎己之心也。仲尼荐颜氏子好学曰：不迁怒，不贰过。夫心得主则有常，至于虽怒之时而己之常者不为物迁也。心贵与道为一，一之未至，虽有过亦不远而复不可得，其迹之贰也。此颜氏子之学盖与性无异者乎。①

颜渊的与众不同就在于七十子“学于师”，颜渊“学于己”。“学于师”者只是向外求知，无法洞彻“本心”。“学于己”者是向内求知，是认识和完善“本心”的有效途径，可以达到“心”与“道”融为一体的境界。颜渊“求诸于己”的治学方法，正是吴嘉宾肯定和提倡的治学之方。

由上可见，吴嘉宾、宗稷辰等人对陆王之学进行过较为深入的研究，接受了陆王学说的一些观点，使他们的著述带有明显的陆王心学的倾向。然而，这并不等于说吴、宗等人已经恢复了陆王学派。就他们的思想总体来说，既有陆王的内容，又有程朱的内容，二者兼采，只不过与其他学者相比，陆王学说的成分多一些而已。他们鼓吹陆王心学，并不是要恢复昔日的陆王学派，而是要将程朱与陆王统一起来，去除清代学术的弊端，为衰败中的儒学寻找一条出路，即“昌越学以翼闽学”②。因此在阐述学术问题的时候，他们

---

① 吴嘉宾：《释学》，《求自得之室文钞》卷1，第1页。

② 王柏心：《甫宗先生墓志铭》，《碑传集补》卷17，《清代碑传全集》下册，第1362页。

十分强调王学与朱学的一致性，在异中求同。

长期以来，王学、朱学彼此对立，互相攻击。正统派的理学家大讲程朱陆王之辨，把对王学的攻击看成是“正学”对“异端”的讨伐，与孟子辟杨朱、韩愈斥佛老相提并论。宗稷辰等人对此不以为然，反对把王学与朱学对立起来的偏见，大胆提出“王学即朱学”的观点。宗稷辰说：

> 自有明以来，讲学宗朱者辄与阳明为敌，众口一辞，坚执不破。幸得深如高景逸、刘蕺山，笃信如孙夏峰、汤孔伯，乃克观其会通而定于一。嗟乎！亦知阳明子之学即朱子之学乎哉！[①]

为了使这一论点成立，他从王、朱二人的治学宗旨、治学内容、治学方法等方面论证了他们的共同点。

从治学宗旨上讲，王、朱都以拯救学术流弊为己任。宗稷辰说：“朱子救泛滥辞章之锢弊，而纳之于笃修精诣之中；阳明救墨守章句之末流，而归之于反躬自得之所。因时施教，易地皆然。”他们是“旷代同心，后先一揆”。[②]

从治学内容上讲，王、朱讲的都是“内圣外王”、“修齐治平”之道，同属“大学”的范围。宗稷辰说：“世习知朱子之学，大学也；夫阳明子之学亦大学也。阳明以致知为宗，恐世之务外求知也，而特表之曰良知。良知非他，明德而已；致良知非他，明明德而已。”[③]“致良知”是王学的核心内容，“明明德”是朱学讲究的中心思想。把“致良知”与“明明德”等同起来，等于泯灭了王学与朱学在内容

---

① 宗稷辰：《长沙重刻阳明先生文集序》，《躬耻斋文钞》卷5，第4页。

② 同上。

③ 同上。

上存在的差异。

在治学方法方面，宗稷辰反对人们责难王阳明讲“知行合一”、“本体即工夫”有悖于朱学的观点，并举例说明王阳明的这些观点，实际都来源于朱熹。他认为：朱熹“融本体功夫而一之”，“先开合一之说”，“由是而推之，阳明悟彻之本，无一非朱子所已径；阳明传习之文，无一非朱子所素辨”。[1] 他在《朱王致知本同考》一文中对二者在方法论上的一致性作了详尽的论证。既然王学与朱学一脉相承，何以到后来形成水火之势呢？他认为，这个责任应该由王学末流来负，与王、朱本人无关。宗稷辰指出：

> 因王门之徒不守师法，致以天泉一证，动天下后世之惊疑，遂与朱子平时之力主杨胡言性善者迥不相合。是学阳明者之过，岂可以是诬阳明而妄为攻拒哉！[2]

他断言，王学与朱学一旦互相补充，相辅而进，便可以使圣学、圣道发扬光大，他说：

> 诚愿两先生救世之心以教人。学朱子者当以阳明之警悚牖之使明，学阳明者尤当以朱子之精严约之使固，有兼资之益而无偏胜之忧，化町畦之私而宏进修之域。圣学自此明，大道自此公，名世之儒自此出。[3]

实际上，这是以王学融会朱学，弥补理学的不足，目的是羽翼“圣教”、“圣道”。在陆王之学“复苏”、王学与朱学融会的过程中，政治的因素始终起着重要的作用。

总之，自嘉道以降，随着清代学术转换时期的到来，沉寂了百

---

① 宗稷辰：《长沙重刻阳明先生文集序》，《躬耻斋文钞》卷5，第4—5页。

② 同上书，第5页。

③ 同上。

余年之久的陆王心学开始“复苏”，在学界产生了一定影响，拥有了一批支持者和提倡者。然而，在程朱理学居于官方哲学地位的情况下，陆王学说的“复苏”不可避免地受到制约。赞同这一学派的学者只是部分地、有选择地肯定陆王的一些观点，而没有公开打出陆王的旗号，使其成为一个独立的派别，恢复到明代中后期的规模。王学在此期的“复苏”不得不通过依附朱学的形式来实现。尽管晚清陆王之学在嘉道至同光期的“复苏”极其有限，但毕竟给这一学派提供了一个狭小的生存空间，为它在19世纪末的“复兴”准备了一定的条件。19世纪末叶，新兴资产阶级开始登上政治斗争舞台，一批具有近代思想的新型知识分子从反对封建专制统治的政治需要出发，用新的观点清理、总结传统文化，使陆王的思想再次得到光大。无论是维新派的康有为、梁启超，还是革命派的宋教仁、蔡元培，以及国粹派的刘师培，都对陆王思想，尤其是王阳明的学说予以高度评价。刘师培曾撰《王学释疑》反驳儒学正统派对王学的非难，他指出：

> 近世以来，论中国学术者，多知折衷王学。其所以折衷王学者，则以王学尚直截，贵怀疑，均与宋儒学术不同。夫阳明以大贤、亚圣之资，出于学术坏乱之后，而德行功业彪炳三百年。当其盛也，其学固风靡天下。然数传以后，宗朱子者力诋之，至拟之洪水猛兽。此固所谓蚍蜉撼大树矣。然王学所以得谤之由，亦有二故：一曰遗问学而尊德性，二曰轻实践而尚空谈。此固攻王学者所持之说也。然吾即阳明学术观之，觉二说均非。何则，阳明学术乃尊德性而不遗问学者也。①

---

① 刘师培：《王学释疑》，《国粹学报》第26期，1907年3月4日刊。

这种看法在当时的学界很有普遍性，反映出20世纪初期中国新型知识分子对这个古老的理学在野派的基本认识。

三、理学正统派的调和论

在晚清，当一部分理学家热衷于程朱陆王之辨时，另一部分学者则对理学领域的这一纷争不以为然，视之为"争闲气"。同光以后，热衷于这种学术论辩的人已不多见，主张调和程朱陆王的观点逐渐占了上风。许多理学界的头面人物都持这种调和的观点，如曾国藩、李棠阶、朱次琦、徐桐、朱一新等，他们在学术上大都以程朱为宗，但不排斥陆王，程度不同地肯定陆王心学中的部分内容，表现出一种比较宽容的治学态度。

不可否认，在对陆王心学整体的看法方面，曾国藩等人都对它的流弊表示不满，发表了许多批评性的言论，对它的评价也远远低于程朱理学。曾国藩在致友人的一封信中就曾对王学大作贬抑，他说：

> 朱子曰："人心之灵，莫不有知。"此言好恶之良知也。曰："天下之物，莫不有理，惟于理有未穷，故其知有不尽。"此言吾心之知有限，万物之分无穷。不研乎至殊之分，无以洞乎至一之理也。今王氏之说曰"致良知"而已，则是任心之明，而遂曲当乎万物之分，果可信乎？①

朱次琦也批评王学说："阳明祖述其说（按：指孟子的良知说），并称

① 曾国藩：《答刘孟容》，《曾文正公书札》卷1，同治十三年传忠局刻本，第9页。

佛氏之言亦不之讳，欲使儒释相附，害道甚矣。”[1]朱一新对讲王学者“信心而行”表示不满，批评说：“若王学末流绝不以治心为事，以为吾心中自有良知，不假安排，信心而行，遂至恣肆猖狂而不可遏。岂但非阳明本意，亦与释氏大殊。其牵引释氏诸书特支离蔓衍，以快私说耳。”[2]然而，在另一方面，他们也看到陆王心学与程朱理学存在的一致性，以及陆王心学所包含的可取成分，主张在维护程朱理学宗主地位的前提下，吸收陆王心学中的可取之处，以使儒学得到发扬光大。他们在这方面的主张可以概括为以下几点：

第一，不赞成大张旗鼓地抨击陆王心学，把程朱陆王之辨视为“争闲气”。

在唐鉴、罗泽南、贺瑞麟等理学家看来，批评陆王心学，肃清其影响是捍卫“圣道”的头等重要的大事，程朱陆王之辨不可不严。调和派则把这种学术争论看作为一种门户之见，意气之争，完全溺于此道，于实心体会圣学毫无补益。李棠阶评价《学蔀通辨》时说，“看《学蔀通辨》前编、续编。看完。主程朱以攻陆王，击无完肤。然吾有心性，吾自认真理会，那得如许闲力争此等闲气也。”[3]《学蔀通辨》是明代学者陈建所著的辨学著作，主要内容是抨击王阳明的《朱子晚年定论》，是程朱派攻击王学的一部力作，受到明清正统理学家的大力推崇。清初理学家张伯行重刊此书，称赞该书“攻新建也，摧陷廓清，不啻入虎穴而得虎子矣。……此《学蔀通辨》为异端之爰书，为学

---

① 朱次琦：《格物说跋》，《朱九江先生集》卷6，光绪二十三年刻本，第7页。

② 朱一新：《无邪堂答问》卷3，广雅书局刻本，第37页。

③ 李棠阶：《李文清公日记》卷3，道光十五年三月二十八日记，民国四年天津版。

者之指南，而不可一日无者也”。[①] 贺瑞麟在晚清也重印了这部著作，以便在程朱陆王的论辩中发挥其作用。然而，这样一部历来受到理学家推崇的著作，却遭到李棠阶的轻视与鄙夷。李棠阶还认为，“为学”的关键在于潜心读书，反躬实体，而不在于文字上的辩争。他说：

“大约学贵识头脑，而后可逐渐用功，皆有着落。总须提起本心，放下一切研几谨独，反躬实体。若徒资几年，固属无当，即修饰外面，看似无过，而屋漏之中细细搜剔，有许多愧怍，究竟成乡愿局面。至于程朱陆王议论纷纷，不过于言语文字间争闲气耳，与己之真命脉有何干涉？”[②]

这是通过强调对学术的“力行”来冲淡热衷于辨学的风气，以避免重蹈明末学界纷争不已的弊端。徐桐则把晚清理学界辨学风气说成是误解了陆陇其的意思，间接批评了陆陇其开辨学之风的过失，他说：

今之言学者，病王甚于病陆，皆蹈袭清献之绪言，未尝深体其用意之所在也。清献知明季讲学之辨，全在光景门头卖弄精魂，故力辟王学以卫吾道。此而谓不善学王者承流之弊则可。若王氏良知之说正非无据，未可尽情诋毁也。[③]

陆陇其是清代理学家推崇的代表儒学道统的“传道”人，学术地位很高，而徐桐却对他颇有微词，批评他有门户之见，可谓中的之言。

第二，认为陆王之学继承了孟子的学说，亦为“圣学”一脉，不能视之为“异端”。

---

① 张伯行：《学蔀通辨序》，《清麓丛书》重刊本。

② 李棠阶：《复任蕖生书》，《李文清公遗书》卷 2，光绪八年刻本，第 3 页。

③ 徐桐：《汉学商兑赘言附识》，豫师：《汉学商兑赘言》，光绪年间刻本。

排斥陆王的理学家把程朱与陆王完全对立起来，不承认陆王之学的儒学属性。仅以陆王借鉴了较多的佛教思想，就把他们从儒门清除出去，归入“异端”之列。他们认为，由于陆王之学披着儒学的外衣，特别容易给人造成假象，使那些初入学途的人误闯门户。所以辨学术，讲门户是治学头等重要的大事。贺瑞麟说：“今日为学，断当专趋程朱门户。是程朱门户自是孔孟门户，不是程朱门户必不是孔孟门户。大著眼光，牢著脚根，决不可为似是而非之说所惑。”[①]调和论学者则认为，陆王心学的弊病主要是其末流学者造成的，陆王对此亦始料未及，应该把陆王本人与陆王心学的末流加以区别，陆王不应为其末流造成的弊病承担责任。徐桐说：“程朱陆王，门户判然，几同秦越。此讲学家习气，程朱陆王不任过也。”[②]朱一新说：“王学末流猖狂恣肆，如颜山农、何心隐之徒，既已诡诞不经，李卓吾更复非圣无法，以读古书者为俗儒，以拾宗门糟粕者为俊士。学术既坏，国步随之。此虽非阳明所及料，而实其讲学之宗旨稍偏，致人才败坏于冥冥之中而不自知。”[③]李棠阶不赞成把王学诋为异端，说：“阳明之争，实能自得，诋为异端。固属过当。”[④]“实能自得”一语，肯定了王学对孔孟儒学的发挥有独到之处，是“圣学”的一个不可缺少的组成部分。关于陆王心学与“圣学”的关系，曾国藩也有肯定性的论述，指出：

> 孔孟之学至宋大明，然诸儒互有异同，不能屏门户之

---

① 贺瑞麟：《答王逊卿书》，《清麓文集》卷10，第66页。

② 徐桐：《汉学商兑赘言附识》，豫师：《汉学商兑赘言》，光绪年间刻本。

③ 朱一新：《答陈生钟璋问王阳明学术》，《佩弦斋杂存》卷下，光绪二十二年秋七月刊本，第31—33页。

④ 李棠阶：《李文清公日记》卷16，同治三年十一月十一日记。

见。……朱子主"道问学"，何尝不洞达本原？陆子主"尊德性"，何尝不实徽践履？……当湖学派极正，而象山、姚江亦江河不废之流。[①]

徐桐比较了陆王心学与程朱理学的异同，认为二者在治学宗旨和目的上是相同的，不同之处主要是方法上的差异。他说：

程、朱、陆、王，资禀不同，故所由之途亦不同，而及其所至则一。程子主一，朱子居敬，陆子先立其大，王子致良知，名目虽分，实则一贯。陆王之学，尊程朱者诋之，抑知陆子之学非主一居敬，何能立其大乎？王子之学非主一居敬，何能致良知乎？方氏恪守程朱，痛诋陆王，亦是门户之见未化，正坐务博未能返约之病。[②]

此段引文中提到的"方氏"是指方东树。方氏在《汉学商兑》、《辨道论》等论著中，不仅猛烈地抨击了汉学，而且也批评了陆王心学、佛老思想等所谓"异端"。徐桐的这段话，实际上恢复了陆王心学作为儒学门派的名誉。

第三，认为陆王心学有可取之处。

综合调和派关于陆王心学的论述来看，他们对陆王心学的肯定主要表现在这样三个方面：一是在学理方面，二是在事功方面，三是在文学方面。

在对陆王心学学理的肯定方面，李棠阶的论述比较具有代表性。这些论述主要集中在他写的《志节编》、《四书约解》、《语录》及书信、日记等书中。他认为，陆王心学与程朱理学同源于"圣道"，

① 曾国藩：《复颖州府夏教授书》，《曾文正公书札》卷20，第39页。

② 徐桐：《汉学商兑赘言附识》，豫师：《汉学商兑赘言》，光绪年间刻本。

在许多方面可以相辅相成，互相补充。程朱之学固然是理学正宗，但在治学方面对“博”强调过多，偏重于“道问学”，向外求知，而对“尊德性”则注意不够。陆王之学与此正相反，偏于向内。两个学派各具千秋，形成互补之势。“先立其大”是陆九渊为学的座右铭，尝谓：“近有议吾者云：除了‘先立乎其大者’一句，全无伎俩。吾闻之曰：诚然。”[①]“先立乎其大”一语来自《孟子》。孟子曾把“心之官”称作“大体”，而把“耳目之官”称为“小体”，认为“先立乎其大者，则其小者不能夺也”。[②] 陆九渊则借用此话来说明为学进道首先要从大处着眼，抓住根本，从总体上把握“道”与“学”的宗旨。李棠阶十分赞成这个观点，认为无论是修身养性，还是治军从政，都要恪守“先立其大”的原则，这样才能坚定“向善成圣”的志向，立定“修齐治平”的根本，不会走上舍本逐末的歧途。他说：

> 读书所以濬发此心本有之灵明，非益所本无世。且不能应事，盖为私意所牵，左右瞻顾，不胜利害之情。习之既久，即偶有一事无所牵系，而亦不能裕如，则仍由平日之锢蔽，而其机不灵。若此心洞然，何患不能应物，且必先立乎其大者，读书方有着落，否则不免于玩物丧志矣。[③]

李棠阶讲“先立其大”主要指的是“治心”。因为人的言行受“心”的支配，只有解决了“心”的问题，才算抓住了“修齐治平”的关键。他在向清廷提出的施政建议中就把“治心”提到首要的地位，说：“臣窃谓刻苦奋励之实，不徒在于用人行政，而在于治心；治心

---

① 陆九渊：《语录上》，《陆象山全集》卷34，中国书店1992年版，第255页。

② 《孟子·告子上》。

③ 李棠阶：《语录》，《李文清公遗书》卷6，第9页。

之要不徒在于言语动作，而尤在于克己。”[①]“克己”就是去掉“人心”中的“私欲”。这番用意与王阳明的欲去“山中贼”先去“心中贼”的主张有着异曲同工之妙。在“治心”的方法上，李棠阶既赞同朱熹的渐进修德方法，又肯定陆王简捷易行的至圣途径。他说：

> 陆王之学，均出孟子。其立言太径，自信太过，诚不如朱子之平实细密，而要其躬行心得，实非凌空驾虚者比。孟子愿学孔子，而其教人则大不同，多先直指本心，而徐诱之以扩充。此实致良知之说所自出。[②]

这是从学术渊源上指明陆王心学继承了孟子的思想，借重孟子肯定陆王。李棠阶还把王学中的“立诚”与朱学中的“主敬”联系起来，认为二者意义“相通”，是你中有我、我中有你的关系。他指出：

> 阳明论学惟说“立诚”，亦与朱子“主敬”之说相通。盖立于诚而不移，因该得敬；居于敬而不去，亦该得诚。未有能居敬而不诚者。……故愚谓“格致”节亦有“诚正”，“诚正”中亦有“格致”工夫，原一时并进，但略有先后耳。[③]

程朱陆王既有“相通”之处，又都是“入圣”之途，学界各派就不应标榜门户，骄己轻人。他说：“学程朱只须用力于程朱，以求其真，不必攻阳明。有真从事于阳明者听之而已，专务力行，不立门户，尤为今日急条。”[④]类似李棠阶这种主张的人还有朱一新。朱氏虽然认为陆王心学在学理方面不如程朱精密，但它的“简易切至

---

① 李棠阶：《条陈时政之要疏》，《李文清公遗书》卷 1，第 1 页。

② 李棠阶：《语录》，《李公清公遗书》卷 6，第 4 页。

③ 同上书，第 15 页。

④ 李棠阶：《道光十五年三月二十一日记》，《李公清公日记》卷 2。

处”是值得肯定的。他说:“阳明天分卓绝,其言直指本心,简易切至处有益于学者。以之救近日汉学家支离破碎之病,尤为对症良药。但与朱子相较,则精粗疏密之间不可以道里计。”①

对王阳明的事功,晚清理学正统派一般都持以肯定的态度。他们主要肯定的是王阳明在明正德年间成功地镇压赣南农民起义和平定宁王朱宸濠叛乱这两件事。王阳明因此而晋右副都御史、南京兵部尚书,封新建伯,成为学术、事功相兼并立的一代名人。关于这一点。连陆王的批评者也不否认。方宗诚在批评陆王学术的前提下,肯定他们的德业与事功,他说:“陆、王、陈(按:指陈献章)三先生,行谊、气节、功烈、政绩、忠孝大端,因皆可为后世师表。”②罗泽南也说:“若陆子品谊,阳明勋业,固有不可磨处,但欲废讲学,以求顿悟,窃禅门之宗旨为吾儒之工夫,有害吾道匪浅。”③可见,罗泽南反对的只是陆王的学术,而不是他们的“勋业”。尤其在清咸同时期,清王朝面临的统治危机比明朝正德年间要严重得多,迫切需要士大夫中间涌现出更多的王阳明式的人物来为自己效忠。在这种情况下,陆、王的忠孝之德、经济之才受到晚清理学家的普遍重视。倭仁虽然在学术上对陆王抱有成见,但主张把学术之辨“暂行撇开”,效法二人的经济之才。他在一封致友人的信中提出:“陆王之学,阁下已洞悉其弊,较然不惑矣。若象山之知荆门,姚江之抚江西,政绩具在,不当效法乎?今且将学术之辨暂行撇开,不须再议,取两贤经济仿而行之,不尚虚辞,惟求

① 朱一新:《答陈生钟璋问王阳明学术》,《佩弦斋杂存》卷下,第31页。

② 方宗诚:《志学录》卷8,光绪三年刻本,第31页。

③ 罗泽南:《与高旭堂书》,《罗山遗集》卷6,第3页。

实用。”①王阳明的事功同样受到曾国藩的崇敬。为了应付艰难复杂的政治环境，曾国藩不仅吸取了王学中的“诚”作为发挥主观奋斗精神的营养，而且在实际军事、政治活动中把王阳明当成效法的榜样。曾氏之所以功成名就，成为清朝的“中兴名臣”，在许多方面是受益于王学的。无怪在他逝世后有人致挽联把他比做王阳明，联云：

尽瘁武乡侯，千秋臣节；

望隆新建伯，一代儒宗。②

在文学方面肯定王阳明的理学家中，曾国藩比较有代表性。在文学上，曾国藩是清代文坛正宗桐城派的大家。他在继承姚鼐文论的基础上，把“经济”与“义理、考据、辞章”相提并论，扩大了桐城派古文的研究范围，以适应变化了的新形势。他广泛延揽当时知名人士，网罗了不少古文高手于自己门下。直接从其就学者主要有张裕钊、薛福成、黎庶昌、吴汝纶、向师棣、刘庠、方宗诚等人，形成了以曾国藩为首的湘乡派。作为正统的古文学家，曾国藩不会赞同王阳明的思想宗旨，然而他却肯定王阳明文章风格、文学造诣。在他选编的《鸣原堂论文》中，收录了由汉到清共 17 位名臣文士的文章佳作，其中有贾谊的《陈政事疏》、诸葛亮的《出师表》、朱熹的《戊申封事》及王阳明的《申明赏罚以厉人心疏》等名篇。王氏此文不仅在内容上论述了经国安邦之策，而且在文法上也很讲究，颇具阳刚雄健的气势，受到曾国藩的推崇。

曾国藩点评文章一本姚鼐阳刚、阴柔之说。他说：“吾尝取姚

① 倭仁：《答王子法》，《倭文端公遗书》卷 8，光绪元年六安求我斋刊本，第 16 页。
② 黎庶昌编：《曾国藩年谱·附事略荣哀录》，第 62 页。

姬传先生之说，文章之道分阳刚之美、阴柔之美。大抵阳刚者气势浩瀚，阴柔者韵味深美。浩瀚者喷薄而出之，深美者吞吐而出之。”①他虽然以阳刚、阴柔并举，但于文却推重阳刚，自称“平生好雄奇瑰玮之文”。② 他认为王阳明的文章就带有阳刚之气的风格。他在为王氏此文所写的按语中说：

> 文章之道，以气象光明俊伟为最难而可贵。如久雨初晴，登高山而望旷野；如楼俯大江，独坐明窗净几之下，而可以远眺；如英雄侠士，褐裘而来，绝无龌龊猥鄙之态。此三者皆光明俊伟之象。文中有此气象者，大抵得于天授，不尽关乎学术。自孟子、韩子而外，惟贾生及陆敬舆、苏子瞻得此气象最多。阳明之文亦有光明俊伟之象，虽辞旨不甚渊雅，而其轩爽洞达，如与晓事人语，表里粲然，中边俱彻，固自不可几及也。③

曾国藩把王阳明的文章列入“气象光明俊伟”之文的行列，并与他极为推崇的文坛大师孟子、韩愈、苏轼等人相提并论，还把王氏之文当成范文，要其弟学习。可见曾氏对王阳明之文不因学术观点的不同而存门户之见。

在晚清的理学“复兴”过程中，部分理学家出于“卫道”的需要重提程朱陆王之辨的话题，向陆王心学发难，一度造成较大的舆论声势，然而在士林中并没有产生多少影响。这种论辩只在理学回潮的潮流中激起几朵浪花，很快就平息下来了。与论辩呼声并存

① 曾国藩：《求阙斋日记类钞·文艺》卷下，光绪二年刊本，第6—7页。

② 曾国藩：《复吴南屏》，《曾文正公书札》卷33，同治十三年传忠书局刊本，第8页。

③ 曾国藩：《鸣原堂论文》，《曾国藩全集·诗文》，第554页。

的是主张程朱陆王调和的论调。采取此论的理学学者人数较多，到同光以后成为理学营垒中的主流，完全压倒了主张论辩的一派。出现这种情况主要可以归于以下几方面的原因。

首先，程朱理学和陆王心学都是孔孟儒学中的学派，有着互相调和的共同思想基础。程朱陆王尽管存在多方面的差异，但其思想主流都是继承孔孟学说而来。程、朱以正宗儒家自居，并得到社会上的公认；陆、王则是先秦儒家思孟一派的后继者，尽管较多地借鉴了禅宗，但仍不能算为儒家的“异端”。程朱陆王在学理上、方法上，都有许多“相通”之处，而且在维持封建君主专制制度和三纲五常的伦理道德体系方面，存在着一致性。这些学术上的共同点成为程朱陆王趋于调和的思想基础。

其次，清王朝在后期面临的统治危机日益加剧，迫切需要协调本集团内部的关系，统一思想、统一步调来应付危机，渡过难关。如果听任学界的纷争自由发展，就会造成内部力量的分散，乃至分裂，只能使危机更加恶化。部分理学家鉴于此情，主张在学术上采取兼收并蓄的态度，有限度地容纳儒学中的非正统派。基于此因，李棠阶把程朱陆王之争看成是“争闲气”，主张对士子习陆王之学采取听之任之的态度。这是程朱陆王调和的又一特定的时代背景。

在晚清理学的“复兴”过程中，陆王心学的复苏是一个值得重视的学术动向。陆王心学尽管因受到理学正统派的压抑、打击，未能成为一个独立的学派，恢复到明代中后期的规模，然而这个学派的许多思想因素通过调和派的论著曲折地保存了下来，局部地得到传播。当然，这些调和派都是程朱理学的虔诚信徒，他们对陆王心学的保留和肯定都经过程朱观点的过滤，汲取的内容只限于那些对封建统治无妨害的和与程朱思想不相悖的方面，而陆王心学中的精华成分，即与封建专制传统相背离的内容却被掩而不彰，受到进一步禁锢。

第三章　从“汉宋鼎峙”到“汉宋合流”

汉学与宋学之争是清代特有的学术现象。如果以嘉道时期为界把清代分为前、后两个时期，那么在前期是汉盛宋衰。这两派论争，汉学采取攻势，占了上风，宋学居于守势，处于下风。而在后期，即晚清时期，随着宋学的“复兴”改变了以前汉宋对峙的格局，出现了有利于宋学的变化。然而，晚清的汉宋之争没有演化成旷日持久的对垒，最终被调和汉宋的潮流所取代。从“鼎峙”到“合流”，就是汉宋学两方之离合交融在晚清经历的轨迹。

一、对汉学的猛烈批判

汉学和宋学是在清代影响最大的两个儒学派别，不仅相形发展，而且相互冲突，演化成清代学界独有的“汉宋之争”局面。现代学者张君劢先生在谈到汉宋之争时指出：

> 吾国学术史上的汉宋之争，不始于宋，不始于明，而始于清初。盖宋明两朝之理学，以独往独来之气概，自辟径蹊，不独不与汉学家度长挈短；自谓其所得，有超于汉人之上者。此争端之所以不起也。明清之交，顾亭林辈反对王学之空谭心性，以阳明之学，比晋王夷甫之清谭。自是而后，有由王学而返于朱学者，是为程朱派；更有舍理学而专以《六经》为研究之

对象者，是为汉学派。汉学自清初迄于清之中叶为极盛之日，“家家许郑，人人贾马”。戴东原除从事于考证之学之外，并及于攻击程朱，于是理学之复活运动又起矣。此运动之中心人物，则唐鉴、曾国藩辈是也。[①]

这段话概括了清代的汉宋之争的大要，大致勾勒出汉宋学发展的线索，然而它主要说明的是清代初期和中期的情况，对于晚清时期的汉宋之争，则语焉不详。以下将就晚清时期的汉宋学之争的问题进行一些初步探讨，以就教于学界诸同仁。

清代汉学一直把宋学当成主要的批评对象。从清初的顾炎武、毛奇龄、阎若璩、胡渭，到后来的戴震、焦循、阮元等人，都从不同的角度对宋学展开了批评，而且这些批评是从注疏经文到义理宗旨，逐次深化。其中，以毛奇龄、戴震对宋学抨击最为激烈。毛奇龄曾著《四书改错》，指斥朱熹编著的《四书章句集注》错误百出，满篇谬漏，从论人到论事、论物几乎“无一不错”，列举出的错误多达32项，“真所谓聚九州四海之铁，铸不成此错矣。”[②]他公然否定宋学的儒学属性，称其为道教的变种，道学家不过是“道士”而已。他抨击说：“宋儒从二氏授受，篡据圣门，妄以华山道士、河洛寿涯僧太极认作道学，实于圣学首功如何下手，圣学究竟如何归结，所云忠恕一贯者，全然不晓。”[③]戴震则从义理的角度批驳了宋儒的主要观点，痛斥道学家以“理”压抑人性无异于“以理杀人”，他说：

---

① 张君劢：《中国学术史上汉宋两派之长短得失》，胡适等编辑：《张菊生先生七十生日纪念论文集》，商务印书馆民国二十六年版。

② 毛奇龄：《四书改错》卷1，嘉庆十六年学圃重刊本，第4页。

③ 同上书，第6页。

尊者以理责卑，长者以理责幼，贵者以理责贱，虽失，谓之顺；卑者、幼者、贱者以理争之，虽得，谓之逆。于是下之人不能以天下之同情，天下所同欲达之于上；上以理责其下而在下之罪，人人不胜指数。人死于法，犹有可怜；死于理，其谁怜之！[①]

这些批评有不少切中宋学的流弊要害，突破了理学的一些思想教条，反映出广大士人对理学的不满和理学衰落的趋势。然而，有些批评则是属于门户之见，意气用事，夹带着偏激语言和不实之词。这些过火言论在后来成为对方反击的口实。

嘉道时期，汉学流弊充分暴露出来，引起一些文人学士的不满。汉学的衰败给程朱理学的“复兴”提供了有利的时机。理学派学者在振兴宋学的过程中主要做了两方面的工作，一是从正面宣扬、阐发程朱的思想观点，一是发起学术上的争端，批判非程朱的学术派别。汉学就是理学家们攻击的一个主要目标。然而，这时的汉宋对峙形势已非昔比。面对处于上升势头的宋学，日益衰落的汉学处在被动的地位，不时受到来自宋学营垒的攻击。说到这个时期的汉宋之争，就不能不提到桐城派著名学者方东树和他的《汉学商兑》。

《汉学商兑》成书于 1826 年（道光六年）。其时方东树客居广东，参阮元幕府。出任两广总督的阮元，力倡汉学，辑《皇清经解》，与方氏治学路向不同，二人“论学意不合”。[②]《汉学商兑》分为上、中、下三篇，洋洋洒洒数万言。书成后，作者又对内容作过修改、增

---

① 戴震：《孟子字义疏证》，中华书局 1961 年版，第 10 页。

② 徐世昌编：《清儒学案》卷 89，第 15 页。

补，于1838年(道光十八年)写成《汉学商兑刊误补义》一卷，充实了全书的内容。

《汉学商兑》是一部学术论辩著作，其宗旨可以概括为“辟汉扬宋”四个字。作者在该书原序中开宗明义地指出了这一点，他说：“近世有为汉学考证者，著书以辟宋儒，攻朱子为本，首以言心、言性、言理为厉禁。海内名卿巨公、高才硕学数十家递相祖述，膏唇拭舌，造作飞条，兢欲咀嚼。”[①]他所说的“近世有为汉学考证者”指的是《国朝汉学师承记》的作者江藩。[②] 江藩在《国朝汉学师承记》中把儒家经学分为汉学和宋学两大派，崇汉抑宋，标立门户。他在书中认为，在孔孟儒学中，只有汉代经学最纯正，称赞汉儒“诵先王之书，被儒者所服，彬彬然有洙泗之风焉”。谈到宋学时，他鄙夷地说：

> 宋初，承唐之弊，而邪说诡言，乱经非圣，殆有甚焉。……至于濂、洛、关、闽之学，不究礼乐之源，独标性命之旨，义疏诸书，束置高阁，视如糟粕，弃等弁髦。……四方季艾囿于帖括，以讲章为经学，以类书为博闻，长夜悠悠，视天梦梦，可悲也夫！[③]

在他看来，宋明理学的盛行，导致“圣人之道”“益晦”，只是由于清代汉学家的考证功绩，才使“圣道”晦而复明。他说：“至本朝，三惠之学盛于吴中，江永、戴震诸君继起于歙，从此汉学昌明，千载沈

---

① 方东树：《汉学商兑·序例》，光绪八年四明花雨楼刻本，第1页。

② 江藩(1761—1830)，字子屏，号郑堂，江苏甘泉人，乾嘉朝著名经学家。著作除《国朝汉学师承记》外，还有《周易述补》、《尔雅小笺》、《经解入门》、《炳烛室杂文》等。

③ 江藩：《国朝汉学师承记》卷1，中华书局1983年版，第3页。

霾，一朝复旦。”[1]在对清代前期学者的评价上，《国朝汉学师承记》表现出较深的门户之见。如阮元撰的《国史儒林传稿》，将顾炎武、黄宗羲列为卷首，肯定他们在经学方面做出的成就，承认他们的儒宗地位。而江藩则把他们编于卷末，原因是他们的学术“不纯宗汉学也”。[2] 阮元对江藩的著作很赞赏，不仅资助刊刻，而且作序加以推崇，他说：“读此可知汉世儒林家法之承授，国朝学者经学之渊源，大义微言，不乖不绝，而二氏之说亦不攻自破矣。”[3]阮元是具有显宦身份的汉学儒宗，他的推崇使江藩身价倍增，该书遂在学界得到广泛的传播。江藩的《国朝汉学师承记》所持的扬汉抑宋观点再次标立起汉学的门户，是汉学营垒继戴震之后向宋学开展的又一次强有力的攻击。这自然会引起方东树的注意，成为激发他撰写《汉学商兑》的一个直接动因。

《汉学商兑》仿朱熹《杂学辨》的体例，摘引了汉学诸家的大量著述原文，自著按文于后，引文辨文相间而行。该书全面地讨论了汉宋学论辩的诸问题，如学术来源、治学内容、治学方法等，归纳起来有以下几个特点：

首先，在清代的汉宋学之争的历史上，《汉学商兑》是宋学对汉学进行的一次全面性的批判。

在清初，程朱理学派主要的攻击目标是陆王心学及释老二教，而对来自汉学方面的挑战则鲜有回应。后来一些宋学学者对汉学断断续续地开展了反批评。姚鼐不仅抨击汉学“以攻驳程朱为能，

---

① 江藩：《国朝汉学师承记》卷1，第6页。

② 伍崇曜：《国朝经义目录跋》，《国朝汉学师承记》，第191页。

③ 阮元：《国朝汉学师承记序》，第1页。

倡于一二专己好名之人而相率而效者，因大为学术之害”①，而且还指名道姓地批评考据学泰斗戴震“为论之僻，则过有甚于流俗者”②，攻击戴震欲夺程朱之席，是不自量力。被唐鉴列入“守道学案”的谢金銮对汉学流弊也表示了不满，批评汉学家们“于圣人之经也，不求其端，不讯其末，惟以抄袭旧说为尊古，以论辨折衷为武断，学虽博，以语修己致用之方则无术焉。此第谓之经学则可，不足以语经术也”。为了纠正汉学造成的弊端，他提出治学要“以四子书为纲，以六经为辅”③的主张。李元春、许鼎等人对汉学也发表过许多批评性意见。这些批评虽然是方东树抨击汉学的先声，但大多属于就事论事，论辩比较分散、零碎，缺乏系统性，无法与方东树的《汉学商兑》相比拟。

方东树的《汉学商兑》对汉学的批判，无论在深度上，还是在广度上都远远超过了前人，称得上是宋学对汉学的一次总结性清算。这一点可以从被该书点名批评的学者名单中反映出来。该书点名批评的学者在30名以上，从清初的名士到嘉道时期的儒宗，主要的汉学名流大都包括在内，如顾炎武、阎若璩、胡渭、毛奇龄、万斯同、万斯大、惠士奇、惠栋、戴震、钱大昕、朱彝尊、张惠言、凌廷堪、江藩、钱大昭、臧琳、汪中、孙星衍、阮元、焦循，以及黄宗羲、颜元、李塨等，还有宋儒黄震、明儒杨慎等，其中绝大多数是清代汉学名家，也有一些与汉学有关的学者。涉及人数之众非一般批评汉学的理学著述可比拟。从《汉学商兑》涉及的内容来看，也是相当广泛的。方氏在《序例》中说：“首溯其（按：指汉学）畔道罔说之源，次

---

① 姚鼐：《复蒋松如书》，《惜抱轩全集》卷6，中国书店1991年版，第73页。

② 姚鼐：《程锦庄文集序》，《惜抱轩全集》文后集卷1，第207页。

③ 引自唐鉴：《国朝学案小识》卷9，《四朝学案·清学案小识》，第211页。

辨其依附经义小学似是而非者，次为总论。"①

方东树首先抨击了毛奇龄等人把宋学诬为道教流派、称理学家是"道士者流"的说法，从学术渊源上辨明程朱理学与孔孟儒学的承继关系。

自清初胡渭作《易图明辨》，提出宋儒尊崇的《河图》、《洛书》出于五代道士的观点，一些反理学学者便以此为据，把宋学的渊源归结于道教。在这方面阐发得最详尽的是毛奇龄。他在《辨道论》一文斥责宋儒周敦颐、邵雍、二程兄弟、朱熹等人"篡道教于儒书之间"，把"圣学"变成了"道学"，宋儒实际上只是"居道观之羽流黄冠"的"道士"而已。这就不仅从学术来源上否定了理学作为正宗儒学的合法性，而且等于宣布它是"异端邪说"。方东树认为，理学所讲的"道"与道教的"道"有着根本不同的含义。程、朱所说的"道"是"圣人之道"，"凡尧舜之道、文武之道、大学之道，何莫非圣学也"，程、朱诸儒则是发扬"圣人之道"的功臣。他说："盖自汉儒分道为一家，而道之正名实体大用皆不见。惟独董子、韩子及宋程、朱，始本《六经》、孔、孟之言而发明之，而圣学乃著。"说程朱是"道士者流"，"非但诬而失是非之心，又将使来学视周、程、张、朱为异端，而断其非圣学。此其为害，岂在洪水猛兽之下也！"②

方东树还就汉学家对宋儒关于"十六字心传"、"人心"、"道心"、"存理灭欲"、"格物穷理"、"养性存德"等观点的非议进行了反驳，认为这些非议"鲁莽灭裂"，"徒乱圣人经义，贻误来学"。他尤其不满戴震对程朱"理欲"说的批判，反驳戴氏说：

---

① 方东树：《汉学商兑·序例》，第 4 页。

② 方东树：《汉学商兑》卷上，第 5—6 页。

如戴氏所申，当体民之情，遂民之欲，亦必民之情欲不出于私，合乎天理者而后可。若不问理，而于民之情欲一切体之，遂之，是为得理，此大乱之道也。程朱所以有大功于圣道者，政以其认理最真，辨理最精，而惟恐学者误执意见，以为理也，所以能绍孔孟之传，而有大功于世，政在此。①

在治学方法的问题上，汉、宋学也存在较大的分歧。汉学主张治《六经》是达于"圣人之道"的根本途径，而文字训诂又是通达《六经》的基本功夫。所以汉学的治学顺序是从文字训诂入手，逐次达到对《六经》内容要义的辨析。宋学的主张与此相反，认为程朱理学最纯正地表达了"圣人之道"，治学首先要从体会程朱之理开始。《朱子小学》、《四子书》、《近思录》等宋儒之书，都是治学的必读之物。宋儒讲求的"小学"不同于汉儒的文字学，而是指教以洒扫、应对、进退之节等为内容的初级道德教育。方东树坚持这种看法，认为训诂固然重要，但是不能过于迷信。因为古人训诂并不全都靠得住，包含着许多穿凿附会、师心自用的解释。他举例说明"汉儒所说违误害理者甚众"，质问道："此可谓求义理于古经中乎？"他指出：由于迷信训诂，清代的汉学诸人"释经解字谓本之古义者，大率祖述汉儒之误，傅会左验，坚执穿凿，以为确不可易"，结果是步入歧途，损害了《六经》的"微言大义"。他主张训诂不离义理，"训诂多有不得真者，非义理何以审之。"②方氏还批驳了汉学家根据《周官》的记载提出小学阶段只重文字教育的观点，认为《周官》的记载不能代表儒家的教育传统，"至于孔氏之门教弟子孝弟、谨信、爱

① 方东树：《汉学商兑》卷中之上，第22页。

② 方东树：《汉学商兑》卷中之下，第1页。

众、亲仁，余力则以学文。今概删去，仅以‘六艺’中‘六书’一端，提倡宗旨，张皇门户，偏隘极矣。”①

其次，《汉学商兑》带有极其明显的“尊朱卫道”色彩。

关于朱熹的评价是汉宋学争论的一个重要问题。汉学既然对宋学持以批判态度，自然不承认朱熹的儒宗地位，批评朱熹的文字经常出现在汉学家的著述中。为了取代朱熹地位，汉学家们抬出了汉代的许慎和郑玄。许慎是文字学巨匠，郑玄是经学大师，都受到清代汉学界的顶礼膜拜，被视为继承孔孟儒学的正宗代表人物。这与宋学尊崇程朱的立场是格格不入的。方东树批驳汉学的一个重要方面就是肯定程朱，推崇朱熹，树立朱熹在学界的权威。他高度评价程朱在发扬孔孟儒学中的重大作用，认为，孔孟之道自孟子后因受到异说的扰乱而长期被埋没，只是由于出了程朱才重见光明。他在《汉学商兑序》中说：“窃以孔子殁后千五百余岁，经义学脉至宋儒讲辨始得圣人之真。平心而论，程朱数子廓清之功，实为晚周以来一大治。”在该书《重序》中他再次强调：圣人之道“及至宋代程朱诸子出，始因其文字以求圣人之心，而有以得于其精微之际，语之无疵，行之无弊，然后周公、孔子之真体大用，如拨云雾而睹日月”。他还在《重序》中把程朱比诸于孔子，指出：“尝观庄周之陈道术，若世无孔子，天下将安所止；观汉唐儒者之治经，若无程朱，天下亦安所止。”在同一文中又说，“后世之学者不幸不见天地之纯，古今之大，全赖程朱出而明之。”针对汉学家指责朱熹说理“杜其聪明，断以一师”，他起而为之辩护，认为朱熹“谆谆教人读汉魏诸儒注疏，文集中凡数十见，即《四子书集注》所采五十四家之

---

① 方东树：《汉学商兑》卷中之下，第3页。

言，何尝杜其聪明，断以一师”。汉学家的攻击“是不知程朱之道与孔子无二。欲学孔子而舍程朱，犹欲升堂入室而不屑履阶由户也”[①]。鉴于汉学家抬高许、郑而贬抑程、朱，方东树针锋相对地对汉儒大加抨击，指出：汉儒距古代虽近，但其解经则“颠倒减省，离折合并，展转百变，任意穿凿，支离轇轕，不顾义理之安于是。……叔重（按：许慎字叔重）生于东京之中，世所本者不过刘歆、贾逵、杜林、徐巡等十余人之说，而以为尽得古人之意”。[②] 汉代诸儒的作用和地位是无法与宋儒相比的。

再次，《汉学商兑》比较集中地揭露了汉学末流的弊病。

方东树把汉学的弊病概括为“六蔽”，具体是：

其一，力破理字，首以穷理为厉禁，此最悖道害教；其二，考之不实，谓程朱空言穷理，启后学空疏之陋……；其三，则由于忌程朱理学之名，及《宋史》道学之传；其四，则畏程朱检身，动绳以理法，不若汉儒不修小节，不矜细行，得以宽便其私，故曰宋儒以理杀人，如商、韩之用法。……其五，则奈何不下腹中数卷书及其新慧小辨，不知是为驳杂细碎，迂晦不安，乃大儒所弃，余而不屑有之者也；其六，则见世科举俗士空疏者众，贪于难能可贵之名，欲以加少为多，临深为高也。[③]

方氏对汉学流弊的指摘，主要是从维护宋学的立场上来说的，其中不乏门户之见，然而也有不少中肯的批评。如他批评汉学搞烦琐考证，致使士人埋头故纸堆，不关心现实和国事，他说：“汉学诸人言言有据，字字有考，只向纸上与古人争训诂、形声，传注驳

---

① 方东树：《汉学商兑》卷上，第15—16页。
② 方东树：《汉学商兑》卷中之下，第29页。
③ 方东树：《汉学商兑》卷下，第12—13页。

杂，援据群籍，证佐数百千条，反之身己心行，推之民人家国，了无益处，徒使人狂惑失守，不得所用。”①他还认为，汉学只注重文字、考证等治学的具体技术性问题，而忽视探讨经书中的义理，犯了“不知本末”的错误。他说：

> 古今学问大抵二端：一小学，一大学。训诂名物制度，只是小学内事，《大学》直从“明新”说起，《中庸》从性道说起。此程子之教所主为其已成就向上，非初学之比……汉学家昧于小学、大学之分，混小学于大学，以为不当歧而二之，非也。故自首著书，毕生尽力，止以名物训诂、典章制度、小学之事成名立身，用以当大人之学之究竟，绝不复求“明新”、“至善之止”，痛斥义理性道之教，不知本末也。②

这些批评都切中汉学流弊的要害，颇有见地。

总之，方东树笔下的汉学不仅学理荒诞无稽，无复可取之处，而且简直就是离经叛道的“异端邪说”，它造成的危害远远超过“杨墨佛老”。他指出：

> 今汉学家首以言理为厉禁，是率天下而从于昏也，拔本塞源，邪说横议，较之杨墨佛老而更陋，拟之洪水猛兽而更凶。何者？洪水猛兽害野人，此害专及学士大夫。学士大夫之学术昧，则生心发事害政，而野人无噍类矣。③

方东树作为晚清汉宋之争中宋学营垒的主将，在《汉学商兑》中用程朱理学的观点，对汉宋学作了系统的考察，尖锐而全面地批评了汉学，大胆地揭露了汉学末流的种种弊端，这在当时学界不能

---

① 方东树：《汉学商兑》卷中之上，第16页。

② 方东树：《汉学商兑》卷中之下，第9—10页。

③ 方东树：《汉学商兑》卷下，第29页。

不引起极大震动。因为汉学经过100多年的发展，已经成为清代学术的主流，占领了大部分学术领域。考据之风已经深深地影响了大多数学林士子，不少人已经深溺此道而不能自拔。在汉学余威尚炽的情况下，方东树的《汉学商兑》树起程朱理学的旗帜，把汉学批得体无完肤，这对那些醉心于考据的人来说好比当头泼了一盆冷水，促使他们对汉学进行反思。就打破汉学对学界的禁锢，破除对汉学的迷信这一点而言，《汉学商兑》的确给学界带来清新之感，给那些长期困扰于汉学的学者打开了一扇思想上的天窗。无怪乎梁启超对此书赞赏不迭。他在《清代学术概论》中对宋学诸儒不乏微词，惟独对方东树的《汉学商兑》赞不绝口，评价道：

> 方东树之《汉学商兑》，却为清代一极有价值之书。其书成于嘉庆间，正值正统派炙手可热之时，奋然与抗，亦一种革命事业也。其书为宋学辩护处，固多迂旧，其针砭汉学家处，却多切中其病，就中指斥言"汉易"者之矫诬，及言典章制度之莫衷一是，尤为知言。[①]

不过，方东树的《汉学商兑》的直接作用主要还是体现在对晚清的程朱理学"复兴"发挥了重要的作用。这部著作刊行后，在当时学界产生了很大反响。它不仅使究心于宋学的学者受到鼓舞，而且感染了不少原来对程朱理学抱有成见的士人，使他们"翻然悔悟"，归于"正学"。他们称赞方氏及其著作是"真吾道干城"，"实为南宋以来未有之书，真朱子功臣也"，"此亦功不在禹下者也。"[②]方东树虽是古文学家，但在中年以后专治理学，标榜程朱，俨然一派

---

① 梁启超：《清代学术概论》，《饮冰室合集》专集之34，中华书局1989年版，第50页。

② 见《汉学商兑》题辞，第1—2页。

理学家气象。这一变化影响了后来桐城派的学术趋向，使不少古文辞学学者转攻理学，学术风气为之一变。有人说：“然桐城自东树后，学者多务理学云。”①此话并非虚言。方氏去世后，此书的影响并未受到削弱，一直受到正统理学派的青睐，被视为论学的圭臬，卫道的干城，翻印再版，广为传诵。关中理学家贺瑞麟曾经刊刻了《辨学七种》，方氏的《汉学商兑》亦入选其中，与程瞳的《闲辟录》、陈建的《学蔀通辨》、童能灵的《朱子为学考》等历史上的辨学名著同刊并载。贺氏对《汉学商兑》十分称道，甚至把它与陆陇其的著作并论，称：“此书诚足干城吾道，不知为汉学者曾肯潜心一读否。国朝自陆稼书先生辨明王学良知之说，始不足以惑人。乾隆嘉庆间，汉学之风复炽，皆力攻程朱，此又圣学一厄。植之此书，真与朱子《杂学辨》、陈清澜《学蔀通辨》诸书，同一有功圣道不少。多刻广布，庶几异说少息乎。”②

方东树之后，对汉学持批评态度的理学家，除了贺瑞麟之外，还有邵懿辰、方宗诚等人。邵懿辰发表过许多抨击汉学的言论，最有代表性的是他写的《仪宋堂记》。“仪宋”即“翼宋”之意。顾名思义，从文章篇名就可以看出他的“卫道”立场。他批评汉学之尖刻程度亦不亚于方东树。他在文中说：

> 今自乾隆嘉庆以来六七十年之间，学者以博为能，以复古为高，矜名而失实，务劳精疲神，钩考众家笺疏之说，下至官车制度、六书假借、碑碣盉鼎之铭识，而广为之证。凡传注之出于宋儒者，概弃不录，曰“吾以崇汉而已”。其徒相与号曰“汉

① 《清史列传》卷67，中华书局1987年版，第5416页。

② 贺瑞麟：《复杨石公学博书》，《清麓文集》卷11，第19页。

学”。噫！此岂异夫立熟食大化之世，而追茹毛饮血之俗；挽碣石入海之河流，而反诸大龙门以上哉！不唯骂讥吐弃，于宋儒无毫发之损，亦且推崇奖许，于汉儒无涓埃之益。[1]

方宗诚则不仅对汉学末流进行了抨击，而且还批评了清代汉学的开创者顾炎武。顾炎武曾经说过：

愚独以为理学之名，自宋人始有之。古之所谓理学，经学也，非数十年不能通也。故曰：君子之于《春秋》。没身而已矣。今之所谓理学，禅学也。不取之五经，而但资之语录，校诸帖括之文而尤易也。[2]

这段话是针对宋明理学束书不观、崇尚空谈的末流学风而言的，企图通过倡导朴实、严谨的经学来纠正理学的空疏之弊。方宗诚则认为，顾炎武的这一观点“立说偏宕”，没有弄清宋明理学产生流弊的真正原因，“不知其为不穷理之弊，而但以为不穷经之弊”。在他看来，明季学风的败坏是由于学人不懂得“穷理”，而非不知道“穷经”。这与顾炎武的观点正好相反。他认为，正是由于顾氏强调了“穷经”，使得“承学之士务明经学而不求其理，溺于训诂、名物、文义、小学，而凡古圣贤明体达用、内圣外王之大经大法全然不省，以为是经学也。经学日多而理益晦，理益晦而经学亦名存而实亡。盖先生明之季但见舍经学而言理学者，邪说由此兴，而乌知近世舍理学而言经学者，邪说之横流亦更甚哉！”他不同意笼统地说“经学即理学”，认为：“惟程朱数子之经学足以当之，若汉唐诸儒之注疏正义，其补于诠训者，因多其穿凿细碎而背理本者亦殊不少，不得

① 邵懿辰：《仪宋堂记》，《邵位西遗文》，同治四年刻本，第19—20页。

② 顾炎武：《与施愚山书》，《亭林文集》卷3，宁波山隐居校刻本，第22页。

谓‘经学即理学’。程朱由六经而洞达本源，后世儒者得其微言而因不知止穷夫六经，诚不免堕于空疏之弊。然谓邪说，禅学由是而起，则有不尽然者。禅学之病正由不肯穷理之故，非徒在于不穷经也。”[①]怎样理解经学和理学的关系呢？他提出：“必由程朱之理而穷尧舜禹汤文武周公孔孟之经，即尧舜禹汤文武周公孔孟之经，以求明乎吾心与天下事事物物之理。”[②]也就是把经学加以程朱理学化。这是方东树未曾想到的。

不过，《汉学商兑》也是一部带有严重缺陷的著作，该书采取了把对方完全否定的极端化的批评方法，有“矫枉过正”之弊。它批评汉学末流的弊端是对的，有的批评的确击中要害，但是把汉学称为“圣人之道”的“异端”，否定汉学是儒学的一个流派，完全抹杀汉学的研究成果就有些荒谬了。一些进步的汉学家，如戴震曾经对理学“存天理，灭人欲”的观点作过正确分析，斥责其为“以理杀人”，这在中国思想史上具有进步意义。方东树对此攻击尤力，诬为“亘古未有之异端邪说”，是要“以之易程朱之统”，是“以无忌惮之言以汩乱圣人之经，教所谓生于其心，害于其事，作于其事，害于其政者也”[③]。这实际上是一种思想倒退。由此可见，方东树是从保守的立场上反对汉学。方东树的偏激态度在理学营垒中也引起一些学者的不满。光绪年间豫师曾著《汉学商兑赘言》，批评方东树矫枉过正，“其弊亦与执汉儒驳宋儒无异，所谓方嗤人堕泥，自复落水。”[④]讥讽方氏重蹈了汉学家走极端的错误。《汉学商兑》的偏

---

① 方宗诚：《书顾亭林年谱后》，《方柏堂先生事实考略》卷2，第21—22页。

② 同上。

③ 方东树：《汉学商兑》卷中之上，第20—21页。

④ 豫师：《汉学商兑赘言序》，《汉学商兑赘言》。

激态度也受到其他学派学者的反对。清末的今文经学家皮锡瑞批评道：

方东树遂作《汉学商兑》，以及攻汉学。平心而论，江氏（按：指江藩）不脱门户之见，未免小疵。方氏纯以私意肆其谩骂，诋及黄震与顾炎武，名为扬宋抑汉，实则归心禅学。与其所著《书林扬觯》，曾阳儒阴释，不可为训。[①]

二、“汉宋合流”的学术趋势

在对待汉学的问题上，清代宋学派中始终存在着两种不同的意见，一种是排汉主张，另一种是融汉主张。在晚清，这两种观点同时存在，并行发展，只不过在不同的时期这些观点各自影响的大小不同而已。大致来说，在嘉道时期由于方东树《汉学商兑》的鼓动，理学中人以辟汉为时尚，排汉观点占了上风；至同光年间，随着整个儒学内部的变化、调节，调和汉宋的观点逐渐取得优势，成为一种学术发展趋势。

融合汉宋的主张并非晚清学界的产物。被清代汉宋两派学者共同推崇的顾炎武就说过“经学即理学”的话，包含了视经学与理学为一体的意思。只是后来的汉学家另辟蹊径，把经学发展成与传统理学截然不同的一个新学派，立起了汉学的门户。清初的不少理学家治学都走的是兼采汉宋的路子。康熙朝的理学名臣李光地的治学特点就是“以朱子为依归，而不拘门户之见”[②]。他写的

---

① 皮锡瑞：《经学历史》，中华书局1981年版，第313—314页。

② 徐世昌编：《安溪学案》，《清儒学案》卷40，第1页。

《周易折中》就本着这一宗旨，对汉宋以来诸家《易》论之心得兼收并蓄，不病异同，成为传世之作。李氏之后的姚鼐也视汉宋为一家，主张治学应该将“义理、考据、词章”三者兼顾。尽管他对汉学进行过严厉的批评，但是仍然把汉学看成儒学中的一个重要组成部分。

嘉道时期，理学“复兴”呼声鹊起。一时间，扬宋抑汉成为学界的时尚。然而一些程朱派理学家对汉学作了相当的保留。唐鉴的《国朝学案小识》以“经学学案”名目，用三卷的篇幅叙述汉学，收录了100多位汉学家的传略，对“经学学案”的评述与“心宗学案”明显不同。他在评论汉学时，一方面批评其“穿凿傅会，亦在所不免”，另一方面又肯定汉学在“天文、地理、音学、算学等事，则于古为精”。[①] 唐氏以后，宋学派中持调和论者日益增多，终于在同光时期成为一种重要的学术倾向。这个时期的许多理学要人，如曾国藩、朱次琦、夏炘、徐桐、成孺、刘熙载等都持这种主张。他们从不同的角度论述了汉宋合流的问题，提出以下几种观点：

其一，用“孔门四科”的旗号化解汉、宋学的对立。

持这种观点的人把汉学、宋学都看成孔门儒学的一部分，认为它们大同而小异，殊途而同归，都是达到圣贤境界的门径。曾国藩对“孔门四科”、“缺一不可”的观点所作的阐述尤其明确，指出：

> 有义理之学，有词章之学，有经济之学，有考据之学。义理之学即《宋史》所谓道学，在孔门为德行之科；词章之学在孔门为言语之科；经济之学在孔门为政事之科；考据之学即今世

---

① 唐鉴：《国朝学案小识提要》，《四朝学案·清学案小识》，第3页。

所谓汉学也，在孔门为文学之科。此四者缺一不可。[1]

在他看来，无论是汉学，还是宋学，都是孔门中的一门具体学科，关注的侧重方面虽有不同，但是所本的宗旨，所起的作用却是相同的，有着共同性。“此四者缺一不可”便是对这种共同性的肯定。这种共向性就是汉、宋学相互融合的基础，具体说来主要表现为两点：

一、认为汉、宋学尽管表现各异，但都是通向“圣人之道”的重要途径。朱琦说：“学之为途有三：曰义理也，考订也，词章也。三者皆圣之道也。”他还用比喻进一步对此加以说明。他把京师比做“圣人之道”，把汉、宋学分别比做通向京师的东路和西路，无论是循东路，还是走西路，都能够到达京师。就可以到达目的地这点而言，“出于东与出于西无以异也”，辩论它们之间的是非是没有意义的。他说：“今使东道者必与西道者争曰：彼所由之途非也，可乎？不可乎？”这是对学界出现的汉宋之争提出的质疑。他的结论是：“夫道犹京师也，学者所从入之途，或义理，或考订，犹途有东西之分，其可以适于京师一也。”[2]针对一些学者扬宋抑汉、轻视小学（文字学）的情况，曾国藩还强调了小学对于领会“圣人之道”的重要作用，把“精研文字”看作治学的必由之路，入门之阶，指出：

> 古之知道者，未有不明于文字者也。能文而不能知道者或有矣，乌有知道而不明文者乎？……吾儒所赖以学圣贤者，亦藉此文字以考古圣之行，以究其用心之所在然。则此句与

---

① 曾国藩：《求阙斋日记类钞》卷上，辛亥七月，第8页。

② 朱琦：《辨学上》、《辨学中》，《怡志堂集》卷1，同治三年冬京师刊本，第1—4页。

句续，字与字续者，古圣之精神语关胥寓于此，差若毫厘，谬以千里。词气之缓急，韵味之厚薄，属文者一不慎，则规模立变，读者一不慎，则卤莽无知。故国藩窃谓今日明先王之道，不得不以精研文字为要务。[①]

汉、宋学对于小学各有不同的解释。汉学称文字学为小学，宋学则把初级的道德教育称为小学。曾国藩则从治学方法的角度看到文字学对于研究圣经贤传的重要性，阐述了“求道”必须“明文”的道理，从而肯定了作为汉学初级阶段的文字学。也就是说，宋学的道德教育可以通向“圣人之道”，汉学文字训诂同样可以发明经典中的“微言大义”，二者都是明经达道的重要途径。

二、认为汉、宋学都具有“致用”性。传统儒学的一个明显的特点就是具有实用性。无论是先秦时代的孔孟，还是后来的程朱，都很强调治学的“致用”意义。汉宋调和论者便据此揭示汉学、宋学内所包含的“致用”精神，寻找它们调和的共同点。

“精研汉学，服膺宋儒”的陈庆镛从儒学的实用性出发，看到汉、宋学的一致性。他说：“汉家之学，其要皆主于明经致用，其归皆务于希圣希贤。他人视为二，吾直见为一也。”[②]曾国藩则进一步阐述了汉、宋学在实用性方面的内在联系。他把汉学宗旨概括为“实事求是”，把宋学宗旨概括为“即物穷理”，认为二者的基本精神是一致的。他明确指出：“近世乾嘉之间，诸儒务为浩博。惠定宇、戴东原之流钩研诂训，本河间献王实事求是之旨，薄宋贤为空疏。夫所谓事者，非物乎？是者，非理乎？实事求是，非即朱子所

① 曾国藩：《致刘孟容》，《曾文正公书札》卷1，第2—3页。

② 引自何秋涛：《籀经堂类稿序》，陈庆镛：《籀经堂类稿》，光绪九年秋刊本。

称即物穷理者乎？名目自高，诋毁日月，亦变而蔽者也。”在他看来，“即物穷理”也不是朱熹的发明创造，而是古来圣贤共同遵守的原则，他说：“即物穷理云者，古昔贤圣共由之轨，非朱子一家之创解也。”①“实事求是”和“即物穷理”都体现了传统儒学“力行”和“致用”的务实精神，具有实质上的相通之处。曾国藩的这一说法有着独到的见解。以“致用”的观点评论汉宋学，这方面最具代表性的要算夏炯。他曾说：“学无大小，以适于用者为贵。故义理为上，经济次之，经学、史学次之，诗古文词又次之，至于名物制度、声音训故，不过籍以攻诗古文词，籍以考经史而已。”②在各种学术中，他把义理之学、经济之学看得最重要，反映出他所持循的政治实用的价值观念。他用这种观点论述了清代的宋学和汉学，作出了不同的评价。他说：

> 国初诸公，若当湖、杨园、夏峰、潜邱、充宗、季野、勿庵、朏明、天生、稷若、谢山、次风诸公，其书具在，纯驳虽有不等，要皆各成片段，不得目为无用之学。至乾隆以后近百余年以来，讲学之士专为一节一句，一文一字，盈千累百，刺刺不休，不特丝毫不适于用，且破坏碎裂，转为贼经。③

他对清代的宋学持以全盘肯定的态度，称其达到“不可及”的境界，而对清代汉学采取了不同的态度，即对清初的汉学持以肯定的态度，而对乾嘉时期的汉学则采取了批评的立场，斥其为“不适于用”之学。原因在于乾嘉汉学一不讲修身养性，二不问治家治国，把士人的聪明才智消磨在故纸堆中，使“经学”变成了“小学”，“诚一一

---

① 曾国藩：《书学案小识后》，《曾国藩全集·诗文》，第165—166页。

② 夏炯：《乾隆以后诸君学术论》，《夏仲子集》卷1，民国十四年铅印本，第9页。

③ 同上书，第9—10页。

取其书平心而察之，何编足以发明义理，何秩足以有裨经济，即以经史而论，较之国初诸老，真有霄壤之判，徒觉其鄙芜琐碎，坐井观天而已。”[①]鉴于乾嘉汉学“不适于用”的弊病，夏炯主张用“通经致用”精神来整顿学风，无论是治宋学，还是治汉学，都要以“致用”为依归。他说：“穷经以致用也。用之于家，则自收束身心，整齐内外，人情物理知明处当，事事皆有实际。用之于国，则自农桑、水利、风俗、学校以及奉公守法、洁己爱民，事事皆有实心。如是而后可为通儒，而后可以谓之学者。”[②]离开“通经致用”的原则去辩论汉学、宋学之间的是非曲直，是毫无意义的。

其二，用《礼》沟通汉宋学之结。

部分理学家把《礼》视为融合汉宋二学的结合点，认为通过提倡和研究《礼》，平息汉宋学之间的门户对立，使儒学达到“本末兼赅，源流毕贯”的和谐境地。曾国藩曾经积极赞同这一主张，曾说过一段颇具代表性的话：

> 乾嘉以来，士大夫为训诂之学者，薄宋儒为空疏；为性理之学者，又薄汉儒为支离。鄙意由博乃能返约，格物乃能正心。必从事于《礼经》，考核于三千三百之详，博稽乎一名一物之细，然后本末兼赅，源流毕贯，虽极军旅、战争、食货、凌杂，皆礼家所应讨论之事。故尝谓江氏《礼节纲目》、秦氏《五礼通考》可以通汉宋二家之结，而息顿渐诸说之争。[③]

曾氏提出用《礼》“通”汉宋学之“结”的观点是有一定道理的。在封建时代，“礼”主要有两种含义，一是指中国古代的宗法等级制

---

① 夏炯：《乾隆以后诸君学术论》，《夏仲子集》卷1，第10页。

② 引自方宗诚：《夏仲子传》，《夏仲子集》附文。

③ 曾国藩：《复夏弢甫》，《曾文正公书札》卷13，第3页。

度和道德规范，这是它的社会意义；一是指记载这种制度和规范的儒家典籍，如《礼记》、《仪礼》、《周礼》等古籍，这是它的学术意义。无论是社会意义上的礼制，还是学术意义上的《礼经》，都是中国封建时代政治制度和意识形态的核心部分。秦以后的儒家各派对《礼》的研究高度重视。汉代的今古文经两派都把《礼》作为重要的研究内容。戴德、戴圣是今文经学派的《礼》学权威，被汉武帝立为《礼经》博士。《逸礼》、《周礼》是古文经学派尊崇的《礼经》经典。东汉郑玄融通众说，集成《周礼注》，是古文经学家说《礼》的代表作。宋儒同样注重研究《礼经》。朱熹在自己的《语类》、文集中留有许多关于《礼经》、礼制的论述，晚年则把治学兴趣转向《礼经》，编修《礼书》，形成了自己的治《礼》特点。朱熹治《礼》不废考据，对古代诸礼进行过精当的论证。然而其所用心不在就事论事，而是发挥寓于《礼经》中的义理，注重《礼》在社会教化中的实际运用。他把对“礼”的研究纳入了“理”的范围，提出“礼即理也”的观点。他说：“礼即理也，但谓之理，则疑若未有形迹之可言，制而为礼，则有品节文章之可见矣。”[①]也就是说，“礼”与“理”是相通的，“理”包含了存在于“礼”中的精神内质，而“礼”则是“理”的外在表现。治《礼》的意义不仅在于考证历代典章制度的来龙去脉，而且还要善于发挥蕴藏在《礼》中的义理。朱熹治《礼》体现了治学方法上的兼容性。晚清学者正是基于前人关于《礼经》研究的成果，才试图用对《礼》的研究调和汉宋学。高均儒在《礼理篇跋》中用比喻的手法说明“礼”与“理”的关系，指出：

---

① 朱熹：《答曾择之》，《晦庵先生朱文公文集》卷60，上海涵芬楼影印本，第19页。

礼犹体，理即脉。人具体而脉不调，则病；人袭礼而理不析，则诬。汉儒精言礼，宋儒承之，而特揭理字，导人以从入之径，持循之端。犹之医者切脉，以审人气血偏滞之由，而后方以治之，其体始可无恙也。学者不察，自判汉宋各执门户，为一家言，亦曰勤止，而制礼之初意果如是乎？[①]

这段话包含了两层意思，一是说明了“礼”与“理”的关系好比人身与血脉，同处一体，密不可分；二是肯定了以朱熹为代表的宋儒注重揭示寓于“礼”中之义理的治《礼》方法。这篇《跋》是为经学家丁晏的一部谈《礼》的著作所写的。丁氏在该书中大量借鉴了宋儒治《礼》的方法，融汉宋学为一体。高均儒对这一点十分称赞，肯定丁氏能够“先征理字之见诸经者”，称该书具有“为学之准”的作用，视之为融合汉宋学的典型之作。应该指出，清代时，《礼经》的研究达到了全盛，研究成果大批涌现，如惠士奇的《礼说》、孙希旦的《礼记集解》、张惠言的《仪礼图》、秦惠田的《五礼通考》、黄以周的《礼书通故》等，无不考订详确，论辩精当，其成就远迈汉唐。这也为当时用《礼》来沟通汉宋学打下了基础。

其三，汉宋学各有所长，不容偏废，应该互相取长补短。

晚清的一些学者看到，汉学、宋学各有自己的长处。汉宋之争只能加剧二者的对立，令双方抱残守缺，排斥对方，妨害儒学的发展。不少人对喋喋不休的汉宋纷争表示不满，提出汉宋学“不可偏废”的主张。方濬颐说：

训诂、义理二者不可偏废。何有汉宋之分哉？今之讲汉学者目宋学为空疏，讲宋学者诟汉学为穿凿，于是有专宗汉学

---

① 高均儒：《礼理篇跋》，《续东轩遗集》，光绪七年刊本，第17页。

者，有专宗宋学者，判然两途，几几乎不可复合。虽通儒正士犹不免泥门户之见而斤斤焉，谓吾之师承在此，凡彼之沿讹踵谬者，皆宜屏绝焉。累牍连篇，互相攻击，歧汉宋而二之。一若言训诂，则义理可勿谈；言义理，则训诂可勿论也。呜呼！是直学中之蠹矣。恐汉宋诸儒亦未必乐有此高足弟子也。[1]

曾国藩的弟子张裕钊用"道器相备"的观点总结了清康乾以来的汉宋发展状况，指出：汉学的流弊在于"穷末而置其本，识小而遗其大"，宋学的缺陷则是"摒弃考证为不足道"。二者由于排斥对方，把自己的长处变成了短处。他指出："夫学固所以明道，然不先以考证，虽其说甚美，而训诂制度之失其实，则于经岂有当焉？故裕钊尝以为道与器相备，而后天下之理得，至于本末精粗轻重之数，是不待以说之辨而明者也。"[2]也就是说，汉学重于实证，宋学长于思辨，这些功夫都是治学不可缺少的基本功。二者相斥学则弊，二者相济学则益。方濬颐对这一点讲得更明白，他说："学一而已，不穷经不可以为学，不讲道不可以为学。穷经者何？训诂之学也，汉学也；讲道者何？义理之学也，宋学也。有训诂之学而后义理不蹈于空虚，有义理之学而后训诂不邻于穿凿。二者相需为用，而弗容以偏胜也。"他分别肯定了汉宋学在阐扬儒学方面的作用，称赞汉学经师"笺疏传注绍述"，使"礼乐典章，名物度数，俾考古者得所师承，实事求是，其有功于圣经贤传者，固不小也"；肯定宋儒"发明义理以佐训诂之不足，而圣人率性修道之旨，遂以大白于天下"。他主张应该打破汉宋学的门户之见，兼采二者之长，指出：

---

① 方濬颐：《梦园丛说》内篇，卷5，同治十三年扬州刻本，第5页。

② 张裕钊：《与钟子勤书》，《濂亭文集》卷4，光绪八年查氏木渐斋刻本，第4—5页。

"后之学者当两宗之，而取其醇，舍其疵，树其闲，决其障。晓然于训诂之非义理弗明，义理之非训诂弗著。合朴学、正学而一以贯之，无穿凿之害，无空虚之病。斯处则可以为师儒，出则可以为卿相。"[①]有的学者把清代汉学的"治经之法"说成是从朱熹那里继承而来，这样朱熹就成为汉宋学的共同的宗师。沈源深就持这种主张，他说：

> 穷经之道，宜先读古注，明家法，正音读，通训诂，而后义理可得而明。国朝诸儒治经之法如此，而其源实开于朱子。朱子《论语训蒙口义序》云：本之注疏以通其训诂，参之释文，以正其音读，然后会之于诸老先生之说，以发其精致。……今之言汉学者，本朱子之法以治经，而反诋朱子，是数典而忘其祖也。言宋学者直欲让道而不先读注疏，是亦不善学朱子者也。[②]

这种说法尽管不尽符合史实，但是反映出"汉宋学不可偏废"说的本来意图。

调和汉宋的主张经过曾国藩等理学名臣的提倡，在晚清理学士人中得到响应，逐渐形成了一种不重门户、兼收并蓄的学术风气。在这种学风的影响下，一些理学士人本着兼采汉宋的原则，写出一些别具特色的学术著作，使汉宋融合从一种学术主张转变成为实际而有成果的学术活动。这是晚清理学发展中的一种新动向。能够学贯汉宋、兼采二者之长著书立说，不是一般人所能做到的。这样的学者在当时为数不多，比较具有代表性的学者是邵懿

① 方濬颐：《学论》，《二知轩文存》卷1，光绪四年刻本，第3—4页。
② 沈源深：《劝学浅语》，光绪二十六年求实书院刻本，第21页。

辰和夏炘。邵氏的《礼经通论》和夏氏的《檀弓辨诬》、《述朱质疑》等著作，便是他们试图汇通汉宋所做的一种创作尝试。

无论是邵懿辰，还是夏炘，在治学态度上都不拘于门户，也不抱残守缺，而是具有兼容的精神。他们在学宗程朱的同时，兼习经学、文辞学，广泛涉猎了汉宋学的许多领域，有着深厚的儒学功底，称得上是学贯汉宋的学者。王光甲称赞夏炘“于书无所不读，而尤邃于经。其治经也，不参己见，不设成心，博考诸儒之说以求通其义。其有不能通者，则屏去旧说，诵咏经文，虚与委蛇，以体察之，往往得其真解”。[①]《景紫堂全书》收录了夏氏著述17种，凡81卷，其中既有《述朱质疑》、《三纲制服尊尊述义》、《学制统述》等发挥宋学义理的著作，又有《诗经廿二部古韵表》、《六书转注说》、《转音纪始》等属于考据学方面的作品，体现出他对汉、宋学的淹博贯通。邵懿辰在道光中期曾随桐城派大师姚鼐之高弟梅曾亮学习古文辞学，后来又拜唐鉴为师，讲习程朱理学，晚年又转攻经学。他的学术主要由程朱理学、古文辞学和经学三部分组成，起主导作用的是程朱理学。邵懿辰的著作大半毁于战火，保留下来的有《忱行录》、《礼经通论》、《尚书通义》、《孝经通论》、《半巖庐日记》等，大都是阐述理学与经学方面的内容，反映出作者试图汇通经学、理学、古文辞学的学术倾向。他曾说：“经者，天地之心。史者，天地间簿籍也，必木板刻之精善而究心焉。外此，宋儒者言理、道之书，乃经之支流，亦天地之心所寄。韩、欧以来之述作言文而行远，乃释经作史之准的也。”[②]需要指出的是，邵氏治经重今文，薄古文，对乾

① 王光甲：《景紫堂全书序》，《景紫堂全书》，同治间刻本。

② 邵懿辰：《检书图记》，《邵位西遗文》卷上，第50页。

嘉汉学持批判态度，所以当代学者汤志钧先生评价他说：“邵懿辰对程朱理学尊为‘理道之书’，而对乾嘉汉学则持批判。他晚年专攻《礼经通论》，又重今文，薄古文，可以说，他基本上是今文经师，而在一定程度上又是主张汉宋兼容的。”[①]能否称邵氏“基本上是今文经师”是可以讨论的，但就邵氏对汉学的总体看法而言，他对汉学的批判并不是整体性的否定，他所反对的只是乾嘉汉学标立门户、排斥宋学的偏颇治学态度，而对汉代儒学的许多观点和方法，他还是主张采纳的。

邵、夏二人的著作既没有像宋明理学诸儒那样一味空谈性理，也没有重蹈乾嘉考据学者烦琐求证的老路，而是借助考据的方法，发挥经书中的义理，熔汉宋学为一炉，体现出兼收并蓄的治学风格。

邵懿辰和夏炘的著作都以阐发包含在经书中的“义理”为目的，在写作宗旨和思路上保持了宋学的特点。以邵懿辰为例，他的《礼经通论》一本李光地《礼学四际约言序》的治学立意。李光地治经的特点是“以朱子之意贯串汉儒”。[②] 这一治学特点深刻地影响了邵氏治经路向，使他“独得嗜之，所著《礼经通论》、《尚书通义》、《孝经通论》亦既无愧于二溪矣”。[③] 邵懿辰认为，《礼经》内容庞杂，条目繁多，其大要就是“四际八编”。“四际八编”说就是李光地在《礼学四际约言序》中提出的观点。李光地写道：

> 四际八编者何？冠昏也，丧祭也，乡射也，朝聘也。《易》曰：“有天地万物而后有男女夫妇，有男女夫妇而后有父子，有

---

① 汤志钧：《近代经学与政治》，中华书局1989年版，第142—143页。

② 吴大廷：《跋邵位西遗文》，邵懿辰：《邵位西遗文》。

③ 同上。

父子然后有上下君臣,而礼义有所措也。"三代之学皆所以明人伦也。有冠昏而夫妇别矣,有丧祭而父子亲矣,有乡射而长幼序矣,有朝聘而君臣严矣。夫妇则而后父子亲,父子亲而后长幼序,长幼序而后君臣严。由闺门而乡党,由乡党而邦国朝廷,盖不可以一日废也。是故先王之制礼也,纲维五典,根极五性,通四时,合五行,本于阴阳而顺乎天命。有冠昏而夫妇别,夫妇则然后智可求也;有丧祭而父子亲,父子亲而后仁可守也;有乡射而长幼序,长幼序而后礼可行也;有朝聘而君臣严,君臣严而后义可正也。①

所谓"四际八编"就是把"冠"、"昏"等八项礼仪组合成为四个方面,并把它们纳入夫妇、父子、兄弟、君臣的伦常之中,从而使《礼》完全伦理化。在李光地看来,"四际八编"既是对《礼经》宗旨的概括,也是理解《礼经》要义的钥匙。这一观点的提出是李氏"以朱子之意贯串汉儒"解经方法的具体运用。邵懿辰在治《礼经》时,受到"四际八编"说的启示,并把此说当成他撰写《礼经通论》的依据,如他自称:

安溪之说略本小戴之经解,大戴之盛德,而其编未成,引而未发,待后人疏通证明焉。懿辰初不习乎《礼经》,偶因读《礼运》识御、射一字之误,因据孔子之言,证以经解盛德及十七篇大戴之次,有会于"四际八编"之说。窃自幸为天牖其衷,是乃二千年儒先未发之覆也。②

他认为,无论是《仪礼》大戴本,还是李光地的"四际八编"说,

---

① 李光地:《礼学四际约言序》,《榕村全集》卷10,乾隆年间刻本,第19—20页。

② 邵懿辰:《论礼十七篇当从大戴之次本无阙佚》,《礼经通论》卷上,仁和邵氏戊辰孟夏刊本,第4页。

无非都与朱熹讲的“修齐治平”之道相符合。他说：“冠昏、丧祭，家礼也；射乡，乡礼也；朝聘，邦国王朝之礼也，而《士相见》则学礼亦寓焉。于朱子之例亦无不合。自一身一家，推而一乡一国，以达于天下，小大微著，近远卑高之序，固当如此。”①《礼经》中包含着儒学修己治人，赞地参天的“义理”。治《礼》并非单纯考察古代典制礼仪的源流演变，主要在于发挥寓藏在“礼”中的精神实质。按照理学家的解释，“礼”源于“理”，成于“性”，是“天理”的产物，体现着“天理”的精神。李光地说：“先王之制礼也，纲维五典，根极五性，通四时，合五行，本于阴阳而顺乎天命。”②“阴阳”、“天命”的含义与“理”近似。邵懿辰也是从这个角度来谈论“礼”中之义理的。他认为“性”是“礼”的根本，“性”之“智、仁、礼、义”等属性分别是制定冠昏、丧祭、乡射、朝聘诸礼之原则。他说：

> 君子所性，仁、义、礼、智根于心，由五常五典发而为五品五教，固礼之根源至极也。而始于冠，本于昏，则男女有别而智端焉；由是重乎丧祭，则父子有亲而仁笃焉；和于乡射，则长幼有序而礼达焉；尊于朝聘，则君臣有义而义行焉。又以智、仁、礼、义为次者。《论语》屡言智仁，智仁合则天地成，负下起元，故冠昏皆为成人之始，所以著代嗣亲，万物之所成终而成始也。③

他还认为，“礼”的条文规定与蕴含于条文中的“义理”既相联系，又相区别。它们之间是变与不变的关系。前者是变量，随着时代和历史的发展而不断变更；后者是常量，与天地同在，与日月同

① 邵懿辰：《论礼十七篇当从大戴之次本无阙佚》，《礼经通论》卷上，第5页。

② 李光地：《礼学四际约言序》，《榕村全集》卷10，第20页。

③ 邵懿辰：《论礼十七篇当从大戴之次本无阙佚》，《礼经通论》卷上，第5—6页。

辉，是万古不变的“常经”。礼经诸典中的《周官》不过是古代典章制度条文的汇编，属于前者，而《仪礼》则蕴含了“圣人之道”的“微言大义”，是礼经诸典中的“常经”。他指出：

《大传》曰，立权度量，考文章，改正朔，易服色，殊徽号，异器械，别衣服。此其所得与民变革者也。其不可得变革者则有矣，亲亲也，尊尊也，长长也，男女有别。此其不可得与民变革者也。所谓可得变革者，《周官》是也；不可得变革者，《礼经》是也。①

夏炘的《檀弓辨诬》是在用《礼》贯通汉宋学的观点影响下写成的。《檀弓》原是《礼记》中的一章，内容是记载先秦时代孔子及其弟子们奉行丧礼的活动及言论，是一篇专论丧礼的作品。经西汉经师戴圣选编入《礼记》（即《小戴礼记》）。至于《檀弓》篇成于何时，作于何人，一直没有确切的说法。有人说它成于曾子门人之手，也有人说它是子游门人所作。尽管具体说法不一，但是称其为孔门弟子之作在学界是没有什么疑义的。然而宋代的一些学者对《檀弓》成于孔门弟子说提出质疑。原因在于该篇多处涉及孔子师徒的“违礼”问题，如“孔子出妻”、“伯鱼（孔子之子）妻嫁”、“子思出妻”、“孔子不知父墓”、孔子葬亲不慎、孔子在哀朝“受肉弹琴”，以及孔门弟子曾子、子贡、子游等人“入厩修容”、“易箦”等“违礼”行为。在宋儒看来，孔子及其门徒都是完美无缺的“千古圣贤”，绝不会做出“违礼”的举动，由此对《檀弓》的真实性提出了怀疑。朱熹说：《檀弓》“出于后儒之杂记恐未必得其真也”。② 自宋代至清代

---

① 邵懿辰：《论礼十七篇当从大戴之次本无阙佚》，《礼经通论》卷上，第7页。

② 转引夏炘：《檀弓辨诬》卷中，咸丰五年刊本，第13页。

中叶，怀疑、批评《檀弓》的论著屡见不鲜。夏炘的《檀弓辨诬》则是一部全面辨析《檀弓》，并彻底予以否定的著作。在写此书的时候，夏炘依据朱熹论礼的立意，以“羽翼经传，扶持名教”[①]为宗旨，指出：“盖二千余年于兹矣，世晚道微，异端更甚，惑世诬民之说愈出愈奇，安知后世不更有黠者流，援《檀弓》为口矢，以集矢儒门者乎。余不胜杞人之忧，辨而正之。”[②]邵懿辰的“发明义理”与夏炘的“羽翼经传”如出一辙。他们著书立说都是出于“卫道”的需要。

在作具体论证的时候，邵、夏二人的著作都借鉴了汉学的研究方法，对所述问题作了一系列详确的考证，使其著述增强了说服性，避免了以往理学著作流于空疏的弊病。

邵著《礼经通论》提出的一个主要观点就是今文经的《仪礼》十七篇是一部完整的经典，包括了有关“礼”的一切内容，应该用《仪礼》取代《周官》的地位。围绕着这一观点，邵懿辰遍查古籍，引经据典，作了详尽的考证。在邵氏之前，学界讲“礼”多重《周官》与《逸礼》，而视流行于西汉的《仪礼》十七篇为秦火残烬，是“阙佚”不全之书。邵氏对这种传统看法提出质疑，认为在孔子以前“礼”文固然不止十七篇，可是孔子定《礼》、《乐》时，本周公之意，“独取此十七篇以为教，配六艺而垂万世，则正以冠、昏、丧、祭、射、乡、朝、聘八者，为天下之达礼耳。”[③]他用西汉学者对《仪礼》的肯定态度作为旁证，指出：

> 汉初，鲁高堂生传《礼经》十七篇。五传至戴德、戴圣，分为大戴、小戴之学，皆不言其有阙也。言仅存十七篇者，后人

---

① 石景芬：《檀弓辨诬序》，《檀弓辨诬》。

② 夏炘：《檀弓辨诬自序》，《檀弓辨诬》。

③ 邵懿辰：《论礼十七篇当从大戴之次本无阙佚》，《礼经通论》卷上，第3页。

据《汉书·艺文志》及刘歆《七略》，因多《逸礼》三十九而言耳。夫高堂、后苍、二戴、庆普不以十七篇为不全者，非专己而守残也。[①]

他比较了《仪礼》的大戴本、小戴本和刘向《别录》本的篇目编次，认为小戴本次序最为杂乱，刘向《别录》本虽然比小戴本稍有条理，但不如大戴本的编次合乎《礼运》。他的结论是《仪礼》以大戴本次第最合理，应该是《礼经》的权威定本。这是因为《仪礼》大戴本的次第为：《士冠礼》第一、《士昏礼》第二、《士相见礼》第三、《士丧礼》第四、《既夕礼》第五、《士虞礼》第六、《特牲馈食礼》第七、《少牢馈食礼》第八、《有司彻》第九、《乡饮酒礼》第十、《乡射礼》第十一、《燕礼》第十二、《大射仪》第十三、《聘礼》第十四、《公食大夫礼》第十五、《觐礼》第十六、《丧服》第十七。归纳起来依次就是冠、昏、丧、祭、射、乡、朝、聘八个方面。他说：

冠以明成人，昏以合男女，丧以仁父子，祭以严鬼神，乡饮以洽乡里，燕射以成宾主，聘食以睦邦交，朝觐以辨上下。天下之人尽于此矣，天下之事亦尽于此矣。[②]

在他看来，冠、昏、丧、祭诸礼概括了家事活动应行的礼仪；乡、射、聘、朝诸礼则把社会活动应行的诸礼包罗无遗。这一排列顺序，不仅包括了人事活动的各个方面，而且这种按人之身、家、社会活动的排列次序正与《大学》中的"修身、齐家、治国、平天下"的德治精神相符合。《大学》正是程朱派学者最尊崇的儒家典籍。除此以外，邵氏还对《乐》作了考证，得出"《乐》本无经"的结论，对前人

---

① 邵懿辰：《论礼十七篇当从大戴之次本无阙佚》，《礼经通论》卷上，第1页。
② 同上。

把《乐》列为《六经》之一的传统观点提出了大胆的挑战。

夏炘的《檀弓辨诬》分上、中、下三卷，总共辨析了29个问题。每辨一题，先列出《檀弓》篇中的例句，其次罗列历代经师学者的注疏评论，最后是作者的按语结论。为写此书，作者博览群书、旁征博引，引用了由汉至清的30多位学者的著作，涉及的著名学者有郑玄、孔颖达、张载、朱熹、游酢、王应麟、党怀英、郦道元、杨时、阎若璩、江永、杭世骏、陈澔等。

夏炘辨析的一个重要问题就是孔子祖孙三代是否皆有“出妻”之事。“出妻”即遗弃妻子。在《檀弓上》中有这样的记载：“伯鱼之母死期而犹哭。夫子闻之曰：‘谁与哭者？’门人曰：‘鲤也。’夫子曰：‘嘻，其甚也。’伯鱼闻之，遂除之。”伯鱼即孔子之子鲤，字伯鱼。由于伯鱼之母已“出”，按古代丧礼规定死后无“服”，不须哀哭。而伯鱼在其“出母”服期过后仍哀哭，是“违礼”行为，所以受到孔子的嗔怪。如果肯定《檀弓》篇，就等于承认了孔子有“出妻”之事，也就意味着孔子这位“至圣先师”在“修身齐家”方面有“惭德”。这是理学家们所无法接受的。所以夏炘要彻底否定《檀弓》篇。他一方面用理学的观点批驳《檀弓》及孔颖达等人的注疏，另一方面用历史考证的方法证明孔子并无“出妻”之事，以推翻《檀弓》篇所依的事实根据。如夏炘对孔子夫人开官氏就作过一番考证。他研究了历代有关开官氏的材料，如《孔子家语》、孔子各种年谱、孔庭《摘要》、党怀英《重建郓国夫人殿记》、陈庚焕《衢州孔氏夫子夫人楷像考》等材料，得出孔子并无“出妻”之事的结论。他写道：

> 孔子十九岁娶开官夫人，二十四岁颜母卒。比四五年之间生伯鱼及公冶长之妻。孔子少孤贫贱，菽水之养，乳哺之勤，皆夫人是赖，岂有母未卒而去妇之理？迨颜母既卒，则夫

子之于夫人又在与更三年丧不去之列矣。而况哀公十年，开官夫人卒，见于年谱，与孔子合墓泗上，见于孔庭《摘要》；历世奉祀，见于诸儒之记载。反复考之，《檀弓》之妄，不待智者而决也。①

根据这一考证结果，夏炘断言：《檀弓》完全是"为专毁孔门而作"，绝非出于孔门弟子之手，其作者乃是"墨氏之徒"，"故专与孔门为仇钦。"②

邵懿辰和夏炘的著作既宗程朱"翼圣卫道"的宗旨，又采纳汉学考据之法，熔汉宋学特点为一炉，于"礼"学研究多有发明。邵懿辰提出《仪礼》十七篇本是"完经"，并无"阙佚"，"乐本无经"的观点发前人所未发，是对清人研究《礼经》的重大突破。近代经学家皮锡瑞对《礼经通论》备加赞赏，说："论《礼》十七篇为孔子所定，邵懿辰之说最通，订正《礼运》射御之误当作射乡尤为精确。"又称："邵懿辰以《逸礼》为伪，与伪古文《书》同，十七篇并非残阙不完，能发前人之所未发。"③值得称道的是，邵氏此书的主要观点被康有为所接受，为康氏撰写《新学伪经考》提供了重要的学术依据。康有为在辨析汉代"三礼"真伪时，不仅采用了邵氏《礼经通论》的主要观点，而且还大段摘引了邵书的原文。夏炘的《檀弓辨诬》在宋儒怀疑《檀弓》篇的基础上，作了进一步的考辨，得出否定《檀弓》篇的结论。这是理学士人在《檀弓》研究上做出的突破性贡献。该书刊行后，在士大夫中传诵一时，受到推崇，称赞此书集汉宋学之长，具有"本末兼赅，源流毕贯"的优点，在学界树立了兼通汉宋二家之学

---

① 夏炘：《檀弓辨诬》卷上，第 9 页。

② 夏炘：《檀弓辨诬例言》，《檀弓辨诬》。

③ 皮锡瑞：《经学通论》，中华书局 1954 年版，第 13—15 页。

的样板。曾国藩对这部书评价很高，指出：“《檀弓辨诬》发千古之覆，成一家之言，足与阎氏《古文尚书疏证》同为不刊之典。”[1]1868年（同治七年），吏部侍郎胡肇智（夏炘门生）以夏氏所著《圣训附律易解》及《檀弓辨诬》、《述朱质疑》等书进呈朝廷，受到清朝最高统治者“年届耄耋，笃学不倦”的褒奖。所进之书均准由武英殿刊刻颁发，供士子诵读。由此也能看到其在学术界所产生的影响。

三、晚清汉宋学关系透视

晚清时期的汉宋之争是乾嘉年间汉宋学对峙的延续，不同之处在于乾嘉时表现为汉攻宋守，到晚清则转而为宋攻汉守了。自嘉道始，以方东树为代表的一批理学士人乘汉学衰微之际，屡屡发难，挑起了汉宋学的学术争端。这种争论一方面反映出汉宋学在学术特点、治学风格上的差异，另一方面也不可避免地夹杂着门户之争的习气。

平心而论，宋学和汉学是两个学术特点差异较大的儒学派别，各有自己独特的长处和短处。宋学注重探讨儒家经典中的“义理”，偏重于哲理方面的思辨，而汉学则注重“名物训诂”，偏重于疏通文字，考证史实。如果以近代学术类比，宋学近于哲学、伦理学、心理学，属于“思辨型”的学派；汉学类似“实证型”学派，近于文字学、考古学。前者活泼，后者朴实，各有不同的学术风格。由于存在这些差异，使两派在一些重要的学术问题上，如儒学要旨所在、儒学与佛道之关系、心性为虚为实、治学求道之法的真伪优劣等，

---

① 曾国藩：《复夏弢甫》，《曾文正公书札》卷13，第3页。

形成不同的看法，演化成激烈的学术论争。在论争中，他们提出的一些批评的确揭露了对方的流弊。如汉学家指责理学的“空疏玄谈”、“以理杀人”；理学家抨击汉学“驳杂细碎”，疏于义理，都有一定的道理，从不同的角度暴露出儒学的弱点和缺陷。然而，参加论争的一些人却抱着深刻的门户之见，使他们的批评带有较多的偏见和狭隘性。晚清的方东树、贺瑞麟等人就是如此。他们只把程朱一家称为孔孟的正宗嫡传，把程朱以外的学术派别一概视为“异端”，予以排斥。方东树抨击汉学，从渊源到流传，从内容到方法，批得一无是处，采取了否定一切的绝对化的态度。其目的是为理学向汉学争夺学术上的正统地位，用程朱取代许郑，打破汉学对学界的垄断，恢复程朱理学昔日的“盛世”。方东树等人崇程朱，斥许郑，抨击汉学，本意是要用程朱讲义理道德的长处来弥补汉学在这方面的不足，然而由于过分强调门户，对汉学、宋学都采取了片面性的态度。对汉学是否定一切，不仅否定了它的缺点，而且连它的长处和优点也都予以抛弃。对宋学则是肯定一切，甚至连它的“痈疽”也都视为“宝贝”。这种偏激态度与汉学营垒中的毛奇龄全盘否定宋学是如出一辙的。这样做的结果不仅没有为传统儒学的发展找到出路，反而陷入了思想上的形而上学泥潭，使程朱理学变得越来越僵化，加剧了儒学的危机。

当一种思想学术在自己的独立发展中已经山穷水尽的时候，便会转向对其他学派的渗透，通过吸收和融合相邻学派的长处来充实和丰富自己，以获得进一步发展的活力。这在中国思想史上是一种常见的现象，晚清时期出现的汉宋学融合正体现了这一点。

许多学者通过汉宋之争的事实看出，汉学、宋学相斥两害，相济两利，由此而产生了融合二者的思想。嘉道以后，这种主张不仅出现在宋学营垒，也同样在汉学营垒中形成。可以说是当时学界流行的一种带普遍性的观点。由于亲身经历了考据学的衰败及受到理学“复兴”思潮的影响，汉学营垒中的一些有识之士放弃了固守门户的立场，开始对乾嘉汉学进行反省，把学术目光移向宋学，主张在经学研究中借鉴宋学的一些方法来救考据学的流弊。陈澧、丁晏、顾广誉、黄式三及其子黄以周等人就是当时主张融合汉宋的汉学名家。

陈澧等人对汉学流弊有着清醒的认识，看到汉学末流只重考证，而忽视义理的危害性。对此，陈澧批评说：“谓汉儒善言义理，无异于宋儒。宋儒轻蔑汉儒者，非也。近儒尊汉儒，而不讲义理，亦非也。”[①]他们摈弃汉宋学门户之见，肯定宋儒的学术地位。另一位汉学家丁晏也认为朱熹治学对注疏极为讲求，汉宋学在根本上是相通的。他说：“窃谓为学之道莫先于读经。读经之法莫先于读注疏。注疏之学，朱子教人之学也。”又说：“余谓汉学、宋学之分门户之见也。汉儒正其诂，诂定而义以显；宋儒析其理，理明而诂以精。二者不可偏废，统之曰经学而已。”[②]他看到汉宋学各有长短，可以在“经学”的旗号下统一起来。

顾广誉等经学家还写出具有兼采汉宋特点的经学著作。如顾广誉的《学诗详说正诂》，“衷之毛、郑、陆、孔、朱、吕，以正其端；参之欧阳、苏、李、范、严，以究其趣；博采之宋、元、明、国朝诸家，以畅其文。”可见，这部著作是广泛吸收包括宋学在内的诸家诗说的研究成果。作者认为，过于强调门户、排斥异己之说者“皆不可以言

① 陈澧：《自述》，《东塾读书记(外一种)》，三联书店1998年版，第356页。
② 丁晏：《读经说》，《颐志斋丛书》第20册，咸丰年间刻本，第1页。

经”。他反对一些汉学家排斥宋儒的偏执态度，高度评价朱熹治《诗》的成就。他说：

> 朱子何可非也？朱子之度越诸子，固自有在，即以释《诗》论，其义理之精微，他家有之乎？曰无之。辞气之通畅，他家有之乎？曰无之。其解“二南”，则一与《大学》相表里也。……自来说《诗》者所未及。虽以质之百世，而莫可易者。[①]

黄式三及其子以周都是嘉道时期的汉学名家，深究郑学，长于《三礼》，但不排斥宋学。他们不仅积极主张把义理与考据合为一体，而且对抨击宋儒的汉学家提出反批评。如黄式三作《申戴氏气说》、《申戴氏理说》、《申戴氏性说》等文章，用汇通汉宋的观点，重新解释“理”、“气”、“性”等理学概念，指责戴震批评宋儒是“矫枉过正”。黄以周亦撰写过《对义利问》、《德性问学说》、《道德说》、《辨虚灵》、《辨无》等文章，论述的尽是以往汉学家不屑一顾的理学范畴问题，表明晚清的部分考据学家不仅注意在注疏经典时发挥义理，而且破除门户藩篱，把治学兴趣转移到宋学方面来。这种治学宗旨与理学士人邵懿辰、夏炘等人兼采汉宋的治学思路有异曲同工之妙。可见，调和汉宋的呼声不仅见于理学营垒，在汉学营垒中也产生了积极的回应，再加上曾国藩、张之洞这些身居显要的封疆大吏的热心提倡，到同光之际，竟成潮流。至此，汉宋学关系发生了新的变化，从“鼎峙”转变为“合流”。

清代的汉宋学从“鼎峙”走向“合流”不是偶然的。首要的一点是这两个学派有着共同的学术渊源，都是孔孟儒学的发展流派。它们的具体主张、方法各有不同，但在尊孔这一点上是没有区别

---

① 顾广誉：《学诗求是录自序》，《学诗详说正诂》，光绪三年刻本，第4—5页。

的。它们的差异和区别正可以形成互补关系，尊崇孔孟正是导致汉宋学走向“合流”的共同思想基础。冯桂芬对这一点看得很清楚，指出：

> 且汉儒何尝讳言义理，宋儒何尝尽改汉儒考据。汉儒、宋儒皆圣人之徒也。汉古而宋今，汉难而宋易，毋蔑乎古，毋薄乎今，毋畏乎难，毋忽乎易，则学者之为之也。用圣人四科四教之法取之，兼收并蓄，不调而调，圣人复起不易吾言矣。[①]

冯氏的话反映出晚清士大夫不满于汉宋之争而赞同于汉宋合流的共同心声。还要看到，晚清的理学“复兴”是在汉学盛行过百余年之后而兴起的。许多理学家都或多或少地受过汉学的熏陶，有着考据学的根底。他们中大多数人的知识结构并不是单纯的程朱理学，而是汉宋兼习，有的还是“义理、考据、辞章、经济”四科并举，具有多方面的知识结构。这是与宋明时代的道学家所不相同的。像曾国藩、邵懿辰、夏炘、方宗诚、苏源生、李元春等人，都有较深的汉学造诣，自幼受过良好的汉学训练。这种学术经历使他们对汉学的意义、作用有着深切的体会，不会采取完全排斥的态度。最后，汉宋合流与晚清政治方面的因素有着一定的关系。嘉道以后，由于种种复杂的社会历史原因，清王朝实行的文化专制政策稍有松动，思想领域开始活跃起来。儒学内部的各个派别、儒学以外的派别，以及传入中国的西学，都在学界涌现出来。然而，在封建统治者看来，这种学派林立的情况只会助长“异端”思想的蔓延，削弱自己对意识形态领域的控制力。他们尤其对今文经学和西学与日俱增的影响而感到忧心忡忡。晚清名儒朱一新对晚清今文经学的复

---

① 冯桂芬：《阙里致经堂记》，《显志堂稿》卷3，光绪二年校邠庐刻本，第6页。

兴极为反感，批评说：

> 道咸以来，说经专重微言，而大义置之不讲。其所谓微言者，又多强《六经》以就我，流弊无穷。即如魏默深《诗古微》之攻故训传，《书古微》以杜林漆书诬马、郑，遂欲废斥古文。魏氏史学名家，其经学实足误人。[①]

在他看来，汉学虽然拙于义理，但毕竟恪守了儒学家法；而提倡今文经学的人"强《六经》以就我"，篡改了经学的本意，是"误人"的"歧途"。于是他放弃了理学家对汉学的门户之见，转而站在汉学一边，批评今文经学。汉学出身的张之洞对晚清学界日渐活跃的局面更是担心。他不仅对今文经学的兴起不满，而且对士人讲求周秦诸子等学亦表示担忧。他说："道光以来，学人喜以纬书、佛书讲经学。光绪以来，学人尤喜治周秦诸子，其流弊恐有非好学诸君子所及料者。"[②]最令封建统治者和正统派士人恐惧的就是中日甲午战后兴起的资产阶级维新思潮。康有为、梁启超、严复、谭嗣同等人用西方的进化论和民权学说，对以汉学、宋学为代表的封建正统思想进行了猛烈的冲击，这就大大改变了晚清思想界矛盾冲突的格局，使旧有的程朱陆王之争、汉宋学之争日益趋于缓和，而使新学与旧学、西学与中学的斗争突显出来。其结果，进一步促进了汉宋学的合流。事实很明显，在新思潮的冲击下，如果继续进行汉宋之争，势必导致两败俱伤的结果，直接削弱传统儒学的统治地位，而维护儒学最好的办法就是使汉宋调和，协调儒学内部各派的力量，共同对付"异学"、"异说"的挑战。无怪乎张之洞在《劝学篇》

---

① 朱一新：《无邪堂答问》卷1，第34页。

② 张之洞：《劝学篇·宗经第五》内篇，《张文襄公全集》，民国十七年北平文华斋刻本，第20页。

中既尊许、郑，又崇程、朱，给士子们开列了一大堆汉儒宋儒写的著作目录。[①] 其用意是要他们通过兼修汉宋学术确立坚定的尊孔崇儒立场，成为“护圣”、“翼道”，不为“邪说”所惑的封建卫道士。政治因素并不是导致汉宋学融合的唯一因素，但是它在其中所起的作用是相当重要的。

无论是汉宋对峙，还是汉宋融合，都是晚清儒学为了摆脱危机而采取的一种自我调节的形式。就传统儒学本身的发展来说，汉宋对峙，弊大于利；汉宋融合，利大于弊。后者的出现对于晚清儒学乃至其他学术领域，都曾经产生过积极的影响。

汉宋学各有所长，有所长亦有所短。汉学长于考证而拙于思辨，而宋学偏重义理而忽于实证。二者的优缺点正好形成互补关系。调和汉宋派正是基于这种认识，使之在融合中互相取长补短，弥补汉宋学各自的不足之处，克服传统儒学自身的缺陷。张之洞在创建广雅书院时就提出各种学科兼收并蓄，互相取长补短的原则。他指出：“经学以能通大义为主，不取琐屑。史学以贯通古今为主，不取空论。性理之学，以知今切用为主，不取浮靡。士习以廉谨厚重为主，不取嚣张。其大旨总以博纳兼资，文行并美为要归。”[②]所谓“经学以能通大义为主”就是指研经不得重蹈烦琐考证的老路，而应该借鉴宋学的方法，领会经书中的“义理”，明确表示以宋学之长济汉学之短的治学意向。任何一种学派如果把自己封闭起来，与其他学派处于彼此隔绝的状态，它便不可能从外部环境中获得发展的养料，只会使自己变

① 张之洞：《劝学篇·守约第六》内篇，第27—34页。

② 张之洞：《创建广雅书院折》，《张文襄公全集·奏稿》卷22，第11页。

得越来越僵化，最终无可挽回地衰落下去。要避免这种状况，就必须扩充自身的兼容性。汉宋融合就是儒学扩充所固有的兼容性的具体体现。在融合思潮的影响下，不仅程朱与陆王、汉学与宋学间的矛盾得到缓和，出现了互相融合的情况，中学与西学也出现了层次较低的融合。在“中体西用”的呼声影响下，一些开明士大夫开始对西方的自然科学表示接受，认为这些东西本来就是中国的，中国人学习西学西艺是“礼失求诸于野”。从某种意义上讲，晚清学界是古今中外各学说的汇聚，也是它们融合。汉宋融合对后来中国传统文化的发展也产生了一定的影响。20世纪30年代，主张“复兴”儒学的张君劢提出将汉宋两家熔“于一炉”，可以开出中国传统儒学的“新的面目”。他说：

> 今以义理为主与以训诂为主之两派经籍注疏于一炉，可以为经学另开一新面目。更就将来之思想途径言之，以汉学家之精神，发挥之于考古学、文字学、史学。以宋学家之精神发挥之于哲学，或人生观，岂非《中庸》所谓“万物并育而不相害，道并行而不相悖”，而为吾哲学界之大幸事乎？[①]

需要说明的是，晚清封建士大夫提出的汉宋融合主张与近代意义上的学术融合具有本质性的不同。晚清士大夫们提出的学术融合是有条件、有前提的。这个条件和前提就是必须保持“义理”的统帅地位和孔孟程朱的绝对权威不得动摇。正如刘蓉所说：“论学于今日则又有辨，有考据之学，有词章之学，有经济之学。三者皆杰然超出于科举俗学之上，才智之士争趋附焉。然仆以为是三

---

① 张君劢：《中国学术史上汉宋两派之长短得失》，胡适学等编辑：《张菊生先生七十生日纪念论文集》。

者，苟不本于道德之实，则亦与彼俗学者同归于无用而已。”[①]可见，这种兼容不是对等的吸收、自然的融合，而是依据自身固有的主观标准去衡量选择，而这个主观标准就是孔孟之道。只有符合此“道”的才能被兼容，不符合此“道”的则被排斥。按照此“道”融合的结果只能是传统儒学旧有结构的自我调整，而不可能开出近代学术的新花。

① 刘蓉：《与曾子植书》，《养晦堂文集》卷4，光绪三年思贤讲舍刊本，第36—37页。

第四章 “以经世之学，济义理之穷”

嘉道年间，在地主阶级士大夫中兴起了讲求经世之学的风气。经世思潮自清初活跃一时之后再度受到学界的重视，在当时的思想文化领域里产生了深刻的影响。由于这种学术风气的影响，理学营垒中的一些人提出“以经世之学，济义理之穷”的主张，企图通过发挥传统儒学中的经世致用的积极因素，来挽救王朝治统、道统的衰落，为使清朝摆脱统治危机而寻找一条出路。这批人就是晚清的理学经世派。他们的思想主张在晚清理学营垒中颇具特色。

一、“义理经济”观的形成

晚清的部分理学家把“义理”与“经济”相提并论，作为一种救世良方加以提倡，其主要原因是出于政治方面的考虑。

鸦片战争以后，清王朝固有的统治危机迅速在政治、经济、文化、外交等方面蔓延开来，使这个统治中国长达200年的老大帝国处于内外交困、捉襟见肘的困境之中。这种情况极大地触动了晚清理学家们的思想，强化了他们的忧患意识和解决清王朝统治危机的社会责任感，使他们能够本着“修齐治平”的宗旨，思考如何解决这些现实问题。他们中间的不少人对清王朝统治存在的积弊有着较为清醒的认识，并通过著书立说的形式将这种认识表达出来。

其中比较具有代表性的论著有刘蓉的《致某官书》(1841 年前后作)、陈庆镛的《武营积弊疏》(1843 年)和《申明刑赏疏》(1843 年)、吴嘉宾的《论内外罔欺疏》、曾国藩的《应诏陈言疏》和《备陈民间疾苦疏》等。这些文章都在不同的程度上，对清朝统治的弊病作了大胆的批评和揭露。不少文章、奏疏的批评、揭露颇为深刻，反映出作者对社会现状的不满和忧虑情绪。刘蓉的《致某官书》对当时官场盛行的贪黩行贿之风作了形象的描绘：

> 今之大吏，以苞苴之多寡为课绩之重轻，而黜陟之典乱；今之小吏，以贷贿之盈虚决讼事之曲直，而刑赏之权乖。黜陟乱则国何以治？刑赏乖则民何以措？自古迄今，未有官由赂得，政以贿成，而国犹不乱者也。……今州县之中，稍有洁己自好者，不惟白首下僚，无望夫官阶之转，而参劾且随之。而贪污者流，既以肥身家，乐妻子，而升擢之荣，岁且数至。[①]

这种描述生动地反映出清代吏治已经败坏到无可救药的地步。刘蓉还在文章中警告统治者，吏治败坏是国家出现内政危机的一个重要原因，如不及时制止官吏们的腐化堕落，将会导致不堪设想的后果。他大声疾呼：

> 正恐国家之所增无几，而阎闾之被祸已烈；边塞之军资未足，而官司之贪橐已盈；外夷之烽燧未销，而海内之干戈已起。天下之势方岌岌焉，有厝火积薪之忧，今又张之风，而助之焰，则前所陈数者之弊，有不一旦并发而速燎原之祸

① 刘蓉：《致某官书》，《养晦堂文集》卷 3，第 4—5 页。

者哉！[①]

而吴嘉宾则把当时官吏们的劣迹行为概括为一个“欺”字。他在给朝廷的奏疏中指出：“臣以为国家之忧未有所底也，窃谓‘欺’之一字，非徒海疆诸臣蹈之，即中外大小诸臣皆蹈之。”[②]所谓“欺”是指为了升官保官而谎报政情军情，掩盖矛盾，隐瞒真相的恶劣习气。其结果却使国家政事有名无实，百业俱废，终则酿成大祸。吴嘉宾用一个“欺”字来概括吏治败坏的严重程度，并指出了它的普遍性，这种见解是切中要害的。

曾国藩对吏治败坏的问题进行了许多尖锐的抨击。在给朝廷的奏疏中，他直言不讳地抨击了贪官污吏鱼肉百姓的劣迹。他揭露说：贪吏“鱼肉百姓，巧诛横索，悍然不顾”，酷吏肆意制造冤狱，“一家久讼，十家破产；一人沉冤，百人含痛。往往有纤小之案，累年不结，颠倒黑白，老死囹圄，令人闻之发指者。”[③]他还从国家行政机构办事效率的角度指出了吏治问题的严重性，他说：“京官之办事通病有二，曰退缩，曰琐屑；外官之办事通病有二，曰敷衍，曰颟顸。”[④]他认为，由于庸吏把持了官场，不仅大大降低了官僚机构的办事效率，而且阻塞了国家人才成长的途径。他忧心忡忡地说：“有此四者，习俗相沿，但求苟安无过，不求振作有为，将来一有艰巨，国家必有乏才之患。”[⑤]

除了吏治败坏的问题之外，晚清理学家们还从科举、武备、漕

---

① 刘蓉：《致某官书》，《养晦堂文集》卷3，第15页。

② 吴嘉宾：《论内外罔欺疏》，《求自得之室文钞》卷4，第17页。

③ 曾国藩：《备陈民间疾苦疏》，《曾国藩全集·奏稿一》，第32页。

④ 曾国藩：《应诏陈言疏》，《曾国藩全集·奏稿一》，第7页。

⑤ 同上。

运、盐政、水利等方面，揭露了清政府的种种弊政，认为，这些弊政已经发展到相当严重的程度，再也不能对此置若罔闻。如何解决这些弊政呢？他们提出一个解决的“公式”，即世运之盛衰在风俗，而风俗之浮浇由政教，政教之优劣则取决于学术。在他们看来，学术的纯正与否直接关系到清王朝治乱兴衰的命运。所谓学术指的就是程朱理学。然而，在晚清理学营垒中，理学经世派与理学主敬派对所倡导的学术各有不同的理解。他们虽然都把程朱理学视为最纯正的儒学正宗，都把提倡程朱理学看作是使清王朝摆脱统治危机的根本出路，但是理学主敬派强调的是程朱的道德论，企图通过强化程朱道德论来达到“振纲常，正人心，淳风俗”的目的。理学经世派则不然，主张在推行道德教化的同时，应该积极提倡经世致用之学，脚踏实地地具体解决现实社会中的问题，带有明显的政治实用倾向。他们不像理学主敬派那样，用僵化的观点看待程朱理学，而是能够从实用的立场出发，对程朱理学进行一定程度的反省，看到理学末流存在的一些流弊。刘蓉曾经这样批评那些空谈性理的宋学迂腐子，指出：

> 近时学者诵法宋儒，颇牵文义，动涉迂拘，用是常为世所诟病。不知周、程、朱、张数先生，莫不洞达世务，体用兼赅，既躬豪杰之资，而所学所养又能充实光辉，含宏博大，非同后世腐小生寻行数墨，稍得一知半解，沾沾自喜，以为独得之秘也。①

在他看来，理学末流沿袭了墨守成规的陋习，失去了程朱理学的真义。因为他认为理学创始人不仅讲“义理”，而且还“洞达世

① 刘蓉:《复窦兰泉侍御书》,《养晦堂文集》卷7,第4页。

务”，懂得“经济”，讲的是有体有用之学。程朱等人的学术要旨是否可以用“体用兼赅”来概括，这是另外一个问题。重要的是刘蓉在这里提出了自己对程朱理学的新解释，即程朱理学不仅包括作为“体”的“义理”，还应该包括作为“用”的“经济”，是“体用兼赅”、“本末皆备”的学问。这与宋代以后只在道德论中打圈圈的正统理学家的观点有着很大的不同。在这里，实用性成为衡量学术有无价值的一个重要的标准。类似于刘蓉这种看法的人，在当时大有人在。夏炯曾提出各门学问应当“归本于义理经济”的主张。他说：

> 学无大小，以适于用者为贵。故义理为上，经济次之，经学史学次之，诗古文词又次之。至于名物制度、声音训故，不过籍以攻诗古文词，籍以考经史而已。诗古文词得其概实，经史涉其门矣，是当归本于义理经济，以求为有体有用之儒，斯可以名一家之学。①

这就是说，“义理经济”是最有用的两门学问，应该成为提携各种学问的“纲”。夏炯对程朱理学的解释与刘蓉的看法类似，认为：“朱子之学，由博反约，尊德性，道问学，未尝偏废，得明体达用之全。”②他所说的“明体达用”与刘蓉所说的“体用兼赅”完全是一个意思。他还认为，讲求理学如果不能在治家治国的活动中体现出来，便不可能了解它的真谛。他说：“根究义理者，虽尺短寸长，未必悉归大道。而居家则能治家，居官则能为国，小用之而小效，大用之而大效，如是方可谓之有用之学。”③又说：“穷经以致用也。

---

① 夏炯：《乾隆以后诸君学术论》，《夏仲子集》卷1，第9页。

② 方宗诚：《夏仲子传》，见《夏仲子集》附文。

③ 夏炯：《学术有用无用辨》，《夏仲子集》卷1，第12页。

用之于家，则自收束身心，整齐内外，人情物理知明处当，事事皆有实际；用之于国，则自农桑水利，风俗学校，以及奉公守法，洁己爱民，事事皆有实心。如是而后可为通儒，而后可以谓之学者。”[①]在他看来，无论是“穷经”，还是“求理”，都要以“致用”为目的。只有那些既懂“义理”，又晓世事的人，才可称为“通儒”、“学者”。儒学的实用性在这里得到了进一步的阐发。

在这些认识的基础上，曾国藩把经济从义理中独立出来，与义理、考据、词章并列，提出“孔门四科”的观点，他说：“为学之术有四：曰义理，曰考据，曰辞章，曰经济。”[②]在此以前，多数士大夫并不把经济看成一门独立的学问，只承认义理、考据、词章三科是儒学的基本内容。桐城古文大师姚鼐对此曾经作过专门的说明，直到清末的唐鉴还是持这种看法。他在与曾国藩讨论学术问题时说：“为学只有三门：曰义理，曰考核，曰文章。”与姚鼐有所不同的是，唐鉴在一定程度上承认了讲求经济的必要性，但对经济的理解比较狭隘，没有肯定其独立地位。他说：“经济之学，即在义理内”，又说：“经济不外看史，古人已然之迹，法戒昭然，历代典章，不外乎此。”[③]曾国藩不仅给经济以独立的地位，把“孔门三科”发展为“四科”，而且对这四科的职能及其相互关系作了明确的解释，他说：

> 义理者，在孔门为德行之科，今世目为宋学者也。考据者，在孔门为文学之科，今世目为汉学者也。辞章者，在孔门为言语之科，从古艺文及今世制义诗赋皆是也。经济者，在孔

① 方宗诚：《夏仲子传》，《夏仲子集》附文。
② 曾国藩：《劝学篇示直隶士子》，《曾国藩全集·诗文》，第442页。
③ 引自《曾国藩全集·日记一》，道光二十一年七月十四日，第92页。

门为政事之科，前代典礼、政书及当世掌故皆是也。[1]

在“孔门四科”中，曾国藩始终把义理放在首位，在治其他三科之前，首先应治义理之学，悉心体会程朱鼓吹的“居敬穷理”、“诚正格致”等一套封建道德修养的说教，确立做人的志向和立场。他指出：

> 人之才智，上哲少而中下多；有生又不过数十寒暑，势不能求此四术遍观而尽取之。是以君子贵慎其所择，而先其所急，择其切于吾身心不可造次离者，则莫急于义理之学。

又说：

> 今与直隶多士约：以义理之学为先，以立志为本。……志既定矣，然后取程朱所谓居敬穷理、力行成物云者，精研而实体之。[2]

意思是义理之学是关系到做人的根本大事，只有在学好义理之学的基础上去治其他三科，才不至于走上邪路。他的意思很明确，义理之学是“体”，其他三科为“用”，只能起辅助的作用。然而在其他三科中，曾国藩看重的则是经济，称之为“政事之科”，是专门考求各种关系到国家治乱兴衰诸要政的学问，与义理所起的作用相类似，所以他说：“义理与经济初无两术之可分，特其施功之序，详于体而略于用。”[3]他对经济的重视是显而易见的。

除了曾国藩之外，还有一些理学家也对儒学“四科”的关系作过阐述，例如，湖南学者朱文炑用果树的根、枝、叶、果作比喻以说明“正学”内部的结构关系。他认为，“正学”中的义理之学相当于

---

① 曾国藩：《劝学篇示直隶士子》，《曾国藩全集·诗文》，第442页。

② 同上书，第442—443页。

③ 同上书，第443页。

果树的“根”，经济之学相当于“枝”，考据之学相当于“叶”。词章之学相当于“果”。果树如果缺了“根、枝、叶、果”，便“不足以为树”，同样，“正学”如果缺少以上“四科”中的任何一科，亦“不足以为学”。这是它们之间互相联系的一面。然而，无论是果树的“根、枝、叶、果”，还是“正学”中的“四科”，都不是彼此等同，互相并列，有着主次轻重之分，如他所说：

> 其中有体有用。统言之，则根本体也，枝叶花果用也。析言之，则干，体也；根，体之体也；枝，用也，叶、花，用之用也，果则用而反于体者也。有本有末，有先有后，有大有小。……是故为学必以干为本，以根为大本，以枝为用，而叶与花果经纬其间。此为正学之定，则古今圣贤君子由此其选也。[①]

另一位学者沈源深也说过类似朱文炑上述看法的话，指出：

> 余谓义理为经济之体，经济为义理之用，考据者所以考明经济者也，词章者所以发挥义理经济者也。犹之木也，义理为根，经济为干，词章、考据皆枝叶。故此四者，虽不可缺一，而尤必以义理为重。[②]

与朱氏不同的是，沈源深更具体地强调了经济对于考据、词章的重要性。考据、词章的发挥不仅不能离开义理，而且不能离开经济。

关于义理与经济的关系，理学经世派总的认识是：义理与经济既有体用之别，又相为表里，不可分割。经济虽然次于义理，但却

① 朱文炑：《果木明正学全体记》，《慎甫文存》，咸丰二年长沙丁氏刻本，第30—31页。

② 沈源深：《劝学浅语》，光绪二十六年求实书院刻本，第15页。

高于考据、词章诸学。

二、“理学经世”思想的内容剖析

理学经世派标榜“义理经济”合一的宗旨，既保留了程朱理学讲正学、重道德的儒学正宗的名义，又具备了解决各种实际问题的经世之才，包含了传统儒学中的积极因素，从而形成了与理学主敬派完全不同的思想特征。这些思想特征主要表现为知权达变、求实务实、注重事功等几个方面。

（一）对“变易”观的发挥

理学经世派不像一些正统理学家那样迂腐僵化，而是能够用“变易”的观点看待历史和现实，具有知权达变的“求变”精神。他们认为，圣人之道虽然是万古不变的大本大源，但是各代实行的法度则是不断变化的。罗泽南说：

> 二帝三王之法本于道，二帝三王之道本于天。大经大法，万世所不能外，而其制度文为则，必随时而损益。禹汤文武即生今日，夏商成周之制，亦有不能尽行者。道无古今，用有古今也。必泥其迹而行之，非通儒之经济矣。[①]

在这段话中，罗泽南虽然形而上学地把圣人之道视为万古不变的精神原则，但是却承认了历代制度所具有的变化性，在“不变”中蕴含着“变”的因素。承认了这一点就等于从理论上肯定了变通过时制度的合理性。“道无古今，用有古今”与后来洋务派的“变器

① 罗泽南：《人极衍义》，第12页。

不变道”的观点在基本精神上是一致的。在罗泽南看来,真正的“通儒”不应该像迂腐子那样“泥其迹而行之”,而首先应该懂得知权达变的道理。刘蓉则认为,讲理学必须懂得应变,破除“拘挛之见”,他说:

> 天下无理外之事,斯无事外之理。善穷理者,未有不征诸事者也;善言无者,必有征于人;善言古者,必有验于今。……穷理之学正所以破拘挛之见,尽变通之妙也。[①]

曾国藩也指出:

> (讲究治国之术)皆以本朝为主,而历溯前代之沿革本末,衷之以仁义,归之以易简。前世所袭误者,可以自我更之;前世所未及者,可以自我创之。其苟且者,知将来之必敝;其至当者,知将来之必固,所谓虽百世可知也。[②]

从这段话可以看出,曾国藩并不迷信古人前贤,而是以“自我更之”、“自我创之”的变通观点看待前人留下的典章制度,敢于变通其中的“袭误者”、“未及者”。罗、刘、曾的这些观点与鸦片战争前后地主阶级经世派所鼓吹的变革主张如出一辙。

从理论上讲,理学经世派的知权达变思想是以传统儒学中的辩证法观点作为理论基础的。宋明理学包含着比较丰富的辩证法因素。周敦颐关于宇宙生成的《太极图说》,张载的“气化”、“神化”论,二程的《易传》,朱熹的《周易本义》等著述都具有朴素的辩证法观点。他们的许多观点都被晚清理学所继承。另外,晚清理学家们身处变动不居的历史环境中,需要用辨证因素较强的思想观点

① 刘蓉:《复彭竹溪书》,《养晦堂文集》卷3,第1页。
② 曾国藩:《求阙斋日记类钞》卷上,第50页。

来观察、应付现实中的变故。因此,在他们的哲学思想中,谈“易”论“变”的成分占了突出的地位。对《易经》的研究普遍受到他们的重视。晚清理学家言《易》的主要著作有:唐鉴的《易牖》和《读易反身录》、朱文炑的《易图正旨》、罗泽南的《周易本义衍言》和《周易附说》、方宗诚的《读易笔记》、夏炘的《易学旁通》、陈寿熊的《周易集义》和《周易正义举正》、吴嘉宾的《周易说》、范泰衡的《读周易记》等。此外,朱一新的《无邪堂答问》、成孺的《太极衍义》、刘蓉的《思辨录质疑》、罗泽南的《西铭讲义》和《人极衍义》等著作,也都涉及一些有关辩证法思想的问题。如果把晚清理学家(经世派)说《易》中的迷信、虚玄的成分排除,那么可以把他们的言论归纳成关于事物矛盾性、变化性及变化规律等问题的体认。

朱文炑对事物内部构成的矛盾性作过这样的说明,他说:“一物而两体,其太极之谓与。惟其一物,所以体不杂;惟其两体,所以用不穷;使徒一而已,则焉能不穷哉?”[①]意思是说,任何一个事物都包含着矛盾的两个方面。矛盾的双方同处一体,构成了这一事物的特质,使之与他物相区别。而其内部两个对立面的无穷变化,则使其长期存在下去,不至于穷尽。这种对事物矛盾性的理解是符合辩证法原理的。曾国藩在谈到“天下之道”时,也意识到矛盾普遍存在的问题。他说:“盖天下之道,非两不立。是以立天之道曰阴与阳,立地之道曰柔与刚,立人之道曰仁与义。”[②]“非两不立”是他对事物存在矛盾这一客观现象的概括。然而推敲其下文可以看出,他对“立天之道”和“立地之道”的矛盾性的认识是明确的。

---

① 朱文炑:《从学劄记》,咸丰三年长沙丁氏刻本,第 32 页。

② 曾国藩:《答刘孟容》,《曾文正公书札》卷 1,第 8 页。

“立人之道”的“仁与义”是指伦理道德的两个范畴，不存在着对立和矛盾的关系。可见，他对矛盾性的认识只局限在自然现象方面，而不包括社会现象在内。这说明曾国藩的辩证思想带有很大的局限性。

晚清理学家不仅承认矛盾的存在，而且还看到矛盾发展的变化性，把天下万物的存在都看成是一个生生不息的变化过程。陕西学者路德在《造化》一文中说：

> 生万物者，天地也；生天地者，吾知之矣。万物莫不朽腐，腐朽之极乃复为土，土复生万物。凡生物者皆其不自生生者也，不自生生而相生，于是乎无穷。……吾惟归之造化而已矣。造化者，自然也。其已往者，人皆见之；其将来者，人之所不能穷也。[①]

在他看来，天下万物是不能“自生生者”的，即不能在个体中单独产生，独自发展，只能在不同事物的相互交合中“相生”而成。由此，万物才能周而复始，无穷无尽地发展下去。这段话中包含了事物产生于矛盾这样一个基本思想。朱文炑则把天下万物都看作处于“生克消长”的变化状态之中，他说：“天地间只是一箇生克消长。人之衣食，鸟兽之饮啄，草木之滋养，何莫非此事也。故曰：天地设位，而易行乎其中矣。”[②]其意谓，天地自然虽然给宇宙万物安排了不同的位置，然而《易经》中的“变易”原则始终贯彻在万物的存在之中。万物的“生克消长”是自然发生的，人为的力量不能使之改变。

① 路德：《造化》，《柽华馆文集》卷1，光绪七年刻本，第1—3页。

② 朱文炑：《从学劄记》，第26页。

天地万物为什么会发生变化？这始终是古今中外的思想家们所最关注的问题之一。晚清理学家也不例外，对这个问题作了探索，作出了自己的回答。刘蓉对这个问题的回答比较有代表性。他把万物变化的原因归结为“理”与“气”作用的结果，指出：

> 夫屈伸者，气也。其所以屈伸者，理也。自阴阳、寒暑、昼夜、晦明，以至人物之生死，草木之荣枯，莫非此气之屈伸者为之。或在天，或在人，或在物，无公私，无彼此，而皆莫之或外焉者也。①

他所说的“屈伸”，即《周易·系辞下》中提到的“屈信”，《周易》中的原文是这样说的：“日往则月来，月往则日来，日月相推而明生焉。寒往则暑来，暑往则寒来，寒暑相推而岁成焉。往者，屈也；来者，信也。屈信相感而利生焉。”可见“屈信”或“屈伸”是一对相互矛盾的概念，带有曲直、进退、盈缩的意思，用以概括天下万物的基本运动形态。刘蓉则把“屈伸”这两种基本运动形态与“气”、“理”联系起来，用来解释万物运动变化的根本原因。依照他的说法，天下万物所以能够“屈伸”变化，直接的原因是由于“气”的作用。因为“气”本身是运动着的。“屈伸”是其固有的属性。然而支配“气”、支配“屈伸”的则是“理”，显然“气”之屈伸要受“理”的制约。用“气”的变化来说明天下万物运动发展的内在原因。这种说法与我国古代朴素唯物主义的“元气”说很接近。只是作者把它限制在“理”的框架内，不能不使它的活力受到束缚。

值得注意的是，理学经世派中的一些人在本体论上并崇“理”、

---

① 刘蓉：《复罗仲岳论养气说书》，《养晦堂文集》卷3，第33页。

“气”，稍稍修正了朱熹的“理先气后”说，在哲学思想上增加了一定的唯物论的色彩。

在正统理学家的理解中，“理”或“天理”是最高的哲学实体范畴和决定宇宙万物的大本大源。它的地位与“道”、“太极”、“性”等范畴居于同等重要的位置，是“形而上之道”。而“气”则是“理”的派生物，处于“形而下”的地位。朱熹说：“天地之间，有理有气。理也者，形而上之道也，生物之本也。气也者，形而下之器也。生物之具也。”[①]他对“理”、“气”关系的基本观点是“理本气末，理先气后”。晚清理学家对这种观点作了某种程度的修正，在言“理”、“气”的时候，着重强调“理气合一”、“理气不分先后”的思想。吴廷栋说：“窃谓有气便有理。理气原不相离，固不可划分理气为二，以为先后。然以理为气主言之，则理如将帅，气如徒卒。”[②]晚清理学思潮中表现出强调“气”的思想倾向，在理学经世派一些人的论著中得到充分的体现。朱一新在发挥“理气合一”的时候有一段很精彩的议论，他说：

> 《系辞》一阴一阳之谓道。阴阳者，气也；道者，兼理与气之名也。舍阴阳无以见道，舍气无以见理，而理则实宰乎气。……故有物必有则，有气必有理。继之者善，纯以理言；成之者性，则兼理与气言。理气合而成质，故恒言曰气质，理在气中，言气不必复言理也。[③]

---

① 朱熹：《答黄道夫》，《晦庵先生朱文公集》卷58，第5页。

② 吴廷栋：《与方鲁生上舍论学第三书》，《拙修集》卷7，光绪九年六安求我斋刊本，第7页。

③ 朱一新：《答康有为第五书》，《翼教丛编》卷1，光绪二十四年武昌重刻本，第14页。

在他看来，“气”不仅等于“阴阳”，而且与“理”并立，成为“道”的一部分。“理”、“气”融为一体，甚至可以“言气不必复言理”。

罗泽南也对“理气”说作出系统阐述，他著的《西铭讲义》、《罗山遗集》集中反映了这方面的主要观点。罗泽南的“理气”说主要接受了张载“气”本体论的观点。王夫之的“元气”论也对他产生了一定的影响。当然，这并不等于说罗泽南继承了张载关学的衣钵，恰恰相反，罗氏尊崇的始终是二程和朱熹，以倡明朱学为己任。他的“理气”说不过是在程朱思想的基础上，糅进了张载的一些观点而形成的。

在谈到“理”、“气”关系时，罗泽南这样说：“布濩天地者气也，而纲维天地者理。理生乎气，理即存乎气之中也。气载乎理，气实统乎理之内也。”[①]这种说法大体上沿袭了程朱“理”主宰“气”的说法，然而在谈到宇宙生成、万物发展的问题时，他却把“理”撇在一旁，大谈“气”的决定性作用。为了说明他的思想路向，在这里不妨引用他在《天地》篇一文中说过的话，他写道：

> 邵子（引者按：指邵雍）曰：“天地之大，阴阳尽之矣。”其说可得而知之乎？曰：可。太极即判，两仪以立，纯阳之气，浮而为天。苍苍之色，非形质也，人望之而所见如是也。一昼一夜，周行三百六十五度有奇。而未尝息者，所以称为健也。地以纯阴之气，凝结于天之中。天之气甚厚，循环不已，故常聚而不散。天有以施，地得以成之，易之，所谓承天时行也。有形者阴也，无形者阳也，有形之阴质，摄于无形之阳气。如人之百骸五官，各有定位，精神血气，时灌输于筋节脉络之间

① 罗泽南：《天地》，《罗山遗集》卷3，第2页。

> 也。……物之得阳者，亲上，物之得阴者，亲下。飞也，动也，阳也；潜也，植也，阴也。……凡物之生死伏见鸣已，皆二气之消长也。①

他把天下万物的形成说成是阴阳二气交感流行的产物，万物的不同性质也取决于“纯阳之气”和“纯阴之气”。“理”只有通过“气”才能显示出来，才能作用于万物和证明它的存在。“气”则是联系“理”与天下万物的媒介。很明显，“气”的作用被大大突出了。

在程朱的理论中，“理”是一种超自然的、主宰一切的绝对观念，具有永恒静止的属性。“气”则有形有体，变化无穷，富有生气。程朱之学由于在言“理”的同时，也接纳了“气”，把“理气”并提，才被赋予了一定的生命力，保存了传统儒学中的一些有益的因素。晚清时期的理学经世派体现出的知权达变精神，如果从理论来源上追溯，不能不说与当时强调“气”的思想倾向有关。

（二）对务实精神的提倡

求实务实，躬行实践是晚清理学经世派的另一个重要的思想特征。所谓“实”不外表现在两个方面：一是提倡关心现实，注重世务，强调具备解决现实问题的实际才干；二是提倡一种黜浮华、崇实际、重功效的务实精神。

在理学经世派看来，仅仅依靠道德教化并不能解决封建国家所面临的一切现实困难，还要具备一系列解决实际问题的办法和措施。这就必须以务实的精神了解历史经验和现实矛盾，脚踏实

---

① 罗泽南：《天地》，《罗山遗集》卷3，第1—2页。

地地认真对待。罗泽南就认为,讲理学除了在身心修养上下工夫外,还必须穷究"世务之繁琐,民情之隐微",会办家事国事,才算是"有用学问"。他说:

吾人为学,固当于身心下工夫,而于世务之繁琐,民情之隐微,亦必留心穷究,准古酌今,求个至是处。穷而一家一乡,处之无不得其宜;达而天下国家,治之无不得其要。此方是真实经济,有用学问。使徒自说性说天,而不向事物上穷求,虽于本原上有所见,终不能有裨于实用也。①

曾国藩同样注重对现实问题的关心和研究。他还在当京官的时候就"尤究心方舆之学,左图右书,钩校不倦,于山川险要、河漕水利诸大政详求折中",②并提出有14件大政为"宜考究者"。他不仅自己率先考求实务,而且还对属员提出具体要求,倡导务实精神,使他们具备较强的治世才干。他在《劝诫委员四条》中说:

今世万事纷纭,要之,不外四端,曰军事,曰吏事,曰饷事,曰文事而已。凡来此者,于此四端之中,各宜精习一事。习军事,则讲究战攻防守、地势贼情等件。习吏事,则讲究抚字催科、听讼劝农等件。习饷事,则讲究丁漕厘捐、开源节流等件。习文事,则讲究奏疏条教、公牍书函等件。讲究之法,不外学问二字。学于古,则多看书籍;学于今,则多觅榜样。问于当局,则知其甘苦;问于旁观,则知其效验。勤习不已,才自广而不觉矣。③

---

① 罗泽南:《与刘孟容书》,《罗山遗集》卷6,第13页。

② 黎庶昌:《曾国藩年谱》,岳麓书社1986年版,第16页。

③ 曾国藩:《劝诫浅语十六条》,《曾国藩全集·诗文》,第439页。

在这段话中，他既提到了要务哪些实政，又讲了怎样去务这些实政，从内容到方法都作了明确的阐述。为了光大经世精神，曾国藩把历史上事功昭著的能臣干吏诸葛亮、陆贽、范仲淹、司马光等人也列入“圣哲”之中，作为效法的榜样。他对这些人推崇备至，赞扬称颂：

> 诸葛公当扰攘之世，被服儒者，从容中道。陆敬舆事多疑之主，驭难驯之将，烛之以至明，将之以至诚，譬若御驽马登峻坂，纵横险阻，而不失驰，何其神也！范希文、司马君实遭时差隆，然坚卓诚信，各有孤诣。其以道自持，蔚成风俗，意量亦远矣。[①]

在他看来，此四人是“以德行而兼政事”的典范，可以与周、程、张、朱等理学大师相媲美。

理学经世派在提倡实政的同时，还看到提倡务实精神的重要性。这种务实精神包括反对说大话、放高论的浮伪作风，注重功效，培养勤勉精神等多方面的内容。

曾国藩对清朝官场盛行的浮伪风气极为愤懑，批评说：“自客春求言以来，有廷献纳不下数百余章。其中岂乏嘉谟至计？或下司核议，辄以‘毋庸议’三字了之；或通谕直省，则奉行一文之后，已复高阁束置，若风马牛不相与。……书生之血诚徒以供胥吏唾弃之具。每念及兹，为为愤懑。”[②]他认为矫正这种恶习的办法，“惟有自正其心以维风俗，或可补救千万一。所谓正心者，曰厚，曰实。”[③]“厚”就是实行“恕仁”之道，“实”就是“不说大话，不说虚名，

---

① 曾国藩：《圣哲画像记》，《曾国藩全集·诗文》，第 248—249 页。

② 曾国藩：《复胡莲舫》，《曾文正公书札》卷 1，第 27 页。

③ 曾国藩：《求阙斋日记类钞》卷上，第 18 页。

不行驾空之事，不谈过高之理”。[①] 基本精神就是以“实”补“虚”，用务实精神反对浮伪作风。罗泽南也对当时只言不行的风气进行了抨击，指出：

古人之学，言与行合而为一者也。以平日之所言者，励而为行，即以一身之所行者，发而为言，故闻其言，即已知其人也。今人之学，言与行分而为二者也。著为议论者，居然圣学之矩镬，见诸行事者，不免世俗之迷乱。问其言则是，问其人则非也。[②]

要务实就离不开治事，而治事是与功效问题紧密地联系在一起的。在这个问题上，曾国藩发表过很好的意见，他说：

天下之事，有其功必有其效，功未至而求效之遽臻则妄矣。……天下之事，必皆有渐，在乎积日累久，而后能成其功。是故为学既久，则道业可成，圣贤可到；为治既久，则教化可行，尧舜可至。……孔子曰：“欲速则不达”也。是故君子之用功也，如鸡伏卵不舍，而生气渐充；如燕营巢不息，而结构渐牢；如滋培之木不见其长，有时而大；如有本之泉不舍昼夜，盈科而后进。放乎四海，但知所谓功，不知所谓效，而效如徐徐至也。[③]

在“功”与“效”的问题上，他把“功”视为前提，把“效”看作结果，强调只有经过日积月累的“用功”，才能收到预期的“实效”，“效”的大小取决于“功”用的如何。这种认识正确地反映了“功”与“效”之间的辩证关系，有助于引导人们把主要精力放在“功用”

① 曾国藩：《求阙斋日记类钞》卷上，第19页。

② 罗泽南：《答刘孟容书》，《罗山遗集》卷6，第9页。

③ 曾国藩：《杂著·笔记·功效》，《曾国藩全集·诗文》，第378—379页。

一环，通过切实的努力去追求一定的效果，有着相当的合理因素。在如何发挥“功用”的问题上，他提倡“克勤小物”的精神，也就是做好每一件具体事项的渐进之“功”。他说：“古之成大业者，多自克勤小物而来。百尺之楼，基于平地；千丈之帛，一尺一寸之所积也；万石之钟，一铢一两所累也。……朱子谓为学须铢积寸累，为政者亦未有不由铢积寸累而克底于成者也。”[①]这段话说明了“大业”与“小物”之间的必然联系，包含着辩证法的合理因素。

在理学经世派对治事态度的论述中，以曾国藩对“勤”的倡导最为精彩。所谓“勤”指的是一种勤奋务劳、自勉不息的思想作风和处世态度。曾国藩认为，培养“勤”的精神意义十分重大。田夫农父由于终岁勤劳而少疾病，同样，士大夫如果能注重“勤”的培养，也可以避免沾染浮惰的恶习，保持廉洁的精神状态。所以“勤则难朽，逸则易坏，凡物皆然”。[②] 曾国藩以“勤”字自励，也以“勤”字相劝，并总结出“勤”之“五要”，指出：

> 勤之道有五：一曰身勤。险远之路，身往验之；艰苦之境，身亲尝之。二曰眼勤。遇一人，必详细察看；接一文，必反复审阅。三曰手勤。易弃之物，随手收拾；易忘之事，随笔记载。四曰口勤。待同僚，则互相规劝；待下属，则再三训导。五曰心勤。精诚所至，金石亦开；苦思所积，鬼神亦通。五者皆到，无不尽之职矣。[③]

曾国藩提出的“勤”字之“五要”，不光包括对传统文化中“力

---

① 曾国藩：《杂著·笔记·克勤小物》，《曾国藩全集·诗文》，第386页。

② 曾国藩：《劝诫委员四条》，《曾国藩全集·诗文》，第439页。

③ 同上。

行”精神的继承，还包括对自己实践经验的总结。他把“勤”列入“八德”(勤、俭、刚、明、孝、信、谦、浑)之中，作为道德修养的首要内容。

理学经世派的务实精神是与注重“力行”、“践履”的认识论紧密联系在一起的。在认识论方面。他们尽管在总体上未能摆脱理学客观唯心主义的窠臼，但是比理学主敬派保留了更多一些的唯物论和辩证法的因素，显得更加富有生气和具有灵活性。

“格物致知”是历代儒家所讲求的一个认识论方面的中心命题。晚清理学家同样重视对认识论的研究，把“格物致知”、“即物穷理”、“知行”难易等问题视为超凡入圣的头等重要的工夫。然而，在对一些具体问题的认识上，理学经世派和理学主敬派的观点存在着开阔与狭隘的区别。“格物致知”中的“物”是指认识对象而言。理学主敬派只把它限定在人伦方面。河南理学家苏源生说：

> 凡天下之物，莫不因其已知之理而益穷之。物之大小巨细均在内，似不专指意、心、身、家、国、天下而言。不知意、心、身、家、国、天下是大纲，凡天下之物无不包在内。若能格诚正修齐治平之理，则纲举目自张，天下岂尚有未格之物者乎？①

这就是说“天下之物”尽管包括很广，但是人伦之“物”是“万物”中的“大纲”。只要“格”通了这个“大纲”之“理”，就等于认识了这个“大纲”以外的一切事物了。苏源生用“以纲代目”的方法排除了“格”自然之“物”的必要性。“格物致知”在他那里只是一种

① 苏源生：《大学臆说》卷1，咸丰十一年刻本明德堂藏版，第11页。

道德体认的过程。而理学经世派对“物”的理解没有局限在人伦方面，而是强调“天下万物”，带有一定的广泛性。曾国藩说：“物者何？即所谓本末之物也。身心、意知、家国、天下，皆物也；天地万物，皆物也；日用常行之事，皆物也。”①郭嵩焘在解释“物”时这样说：

> 所谓物者，非引外物以为诚意正心之资也，在身曰意，曰心；推而暨之，曰家，曰国，曰天下，皆物也。意心身所以自治，与家国天下所以待治之理，推而至于各物度数，因革损益，穷究其所以然，而尽其所当然，皆有一定不移之程度，是谓格。②

他们对“物”的说明，在一定程度上纠正了理学主敬派观点所带来的片面性。

针对“以纲代目”的说法，刘蓉提出了批评。他认为，虽然“物有本末之物，则自有纲领、条目之分，不可牵连而混同也”，然而，重视“纲领”并不等于忽视“条目”，二者不能偏废。正确的做法应该是做到“本末兼赅”、“精粗备举”，对“纲领”和“条目”都予以足够的重视。他说：

> 程朱之说，本末兼赅，精粗备举。良以人之一身万物皆备，故自日用伦常，以迄天地阴阳，万事万物之理，莫非学者所当穷。而穷之之功，又自有道。不可求精而遗粗，亦不可逐末而忘本也。③

在“知”与“行”的问题上，理学经世派一般都比较强调“行”。

---

① 曾国藩：《致诸弟》，《曾国藩全集·家书一》，第39—40页。
② 郭嵩焘：《大学章句质疑》，光绪十六年思贤讲舍刊本，第7页。
③ 刘蓉：《答曾涤生检讨书》，《养晦堂文集》卷4，第14页。

就“知”与“行”的顺序而言，他们主张“知先行后”；就“知”与“行”的轻重而言，他们则赞同“重行轻知”，基本上继承的是朱熹的“知行”观。在这方面，郭嵩焘的观点颇具代表性。他尊崇程朱的观点，反对王阳明的“知行合一”论，声称：“王氏知行合一之说，乱道之害也。”认为王阳明的说法是“以知为行，而行废矣，而知亦未为得也”。在“知行”关系中，他强调“行”的作用，指出：“行乎君臣父子之间，以求所以自尽也，而后忠孝之谊明。行乎喜怒哀乐万有之境，知其偏以求所以自克也，而后中庸之道著。”[①]这等于说，认识的最终结果是在“行”的阶段中完成的。曾国藩的“知行”观也是着重强调“行”。他认为“知”与“行”脱节就会流于空疏，“知”必须见著于“行”，才可称为完备。他说：“所谓诚意者，即其所知而力行之，是不欺也。知一句便行一句，此力行之事也。此二者并进，下学在此，上达亦在此。”[②]他把《尚书》中“知之非艰，行之惟艰”一语赠给其弟，告诫他们“行”的重要性和艰巨性。

值得称道的是理学经世派提出了“以事验理”的观点，这是一个涉及认识标准的问题。

关于认识标准的问题，理学主敬派主张要以“合于义理否”为标准，即把孔孟程朱的经典当成衡量一切言行的最高准则。苏源生说：

> 读书讲明义理，论古今人物而别其是非，皆为应接事物起见。如此讲论，自然确实，而又于应接事物时，自验所行，合于

---

① 《郭嵩焘日记》卷1，第497页。

② 曾国藩：《致澄弟温弟沅弟季弟》，《曾国藩全集·家书一》，第40页。

义理否，果师古人之是而袪其非否。事一经烁，则以后读书明义理，论古今人物而别其是非，所得益深。所得益深，自到知至境界。[1]

理学经世派亦以“圣人之德”为宗旨，当然不会背离《四书》、《五经》的原则，但对“圣贤之言”的态度不像主敬派那样教条、刻板。他们在推崇圣经贤传的同时，能够在一定的程度上意识到实践对于理论的影响和作用，从而提出“以事验理”、“以今征古”、“以行验知”的观点，把注重实际效果的观点引入检验认识的范围之内。贺长龄在委托魏源起草的《皇朝经世文编叙》中强调了“事”于“心”、“法”于“人”、“今”于“古”、“物”于“我”的验证、资助作用，指出：“善言心者，必有验于事矣”；“善言人者，必有资于法矣”；“善言古者，必有验于今矣”；“善言我者，必有乘于物矣。”[2]刘蓉也持同一观点，他在致友人的一封信中说：

夫天下无理分之事，斯无事外之理。善穷理者，未有不征诸事者也。善言天者，必有征于人；善言古者，必有验于今。言理而不征诸事，则所谓理者，特佛氏之妄谈耳；论事而不根诸理，则所谓事者，亦管、商之杂术也。其于事理之正，盖两失之无足取者。[3]

无论是贺长龄，还是刘蓉，在求“理”问题上的一个共同特点就是“理”与“事”密不可分，“理”的正确与否需要通过“事”来作验证。然而，这并不等于说理学经世派已经形成了实践检验认识的观点，由于他们的思想从整个体系上讲是唯心主义的，孔孟

① 苏源生：《大学臆说》卷1，第12页。

② 引自《魏源集》上册，第156页。

③ 刘蓉：《复彭竹溪书》，《养晦堂文集》卷3，第70页。

程朱的一些基本观点被奉为万古不变的金科玉律，自然也是他们认识的宗旨、准则和标准。用曾国藩的话来说："义理明则躬行有要，而经济有本。"[①]因此，在认识论方面，理学经世派实际上具有双重性的认识标准，既以"圣经贤传"为依归，又用"事"、"物"作验证之准绳，包含着明显的内在矛盾。

（三）对"内圣外王"的开掘

理学主要内容又可以概括为"内圣"与"外王"两个方面。"内圣"是指个人的道德修养。"外王"则是把个人内在修养的"圣功"推及他人及社会，收到"齐家、治国、平天下"的效果。"内圣外王"是很多理学家修德进业的抱负和志向。曾国藩曾经表示："君子之立志也，有民胞物与之量，有内圣外王之业，而后不忝于父母之生，不愧为天地之完人。"[②]然而，在谈到"内圣外王之业"时，晚清理学经世派与一般理学家稍有不同，比较注意研究"外王"的问题。罗泽南在《人极衍义》一书中对"内圣外王"的思想作了系统的阐述。他用"天人合一"、"民胞物与"的观点论述了"内圣"与"外王"的一致性。指出：

> 今夫为学之道果何如哉？内以成已，外以成物而已。人之一心，万物咸备，淑身淑世，至理昭著。内顾一身养性情，正伦纪，居仁由义，祇完吾固有也。外顾天下万物，皆吾心所当爱，万事皆吾职所当尽，正民育物，悉在吾分内也。是故宇宙虽大，吾心之体无不包；事物虽繁，吾心之用无不贯。尽己之

① 《曾国藩全集·家书一》，第55页。

② 曾国藩：《致澄弟温弟沅弟季弟》，《曾国藩全集·家书一》，第39页。

性，全己之天也；尽人之性，全人之天也；尽物之性，全物之天而不失也。[①]

在他看来，“内圣”功夫是“祇完吾固有”的，“外王”之业同样是“吾分内”之事。在“尽己之性”的同时，还要“尽人之性”、“尽物之性”。所以“内圣外王”是一个整体，不能只讲其一而不讲其二。他还说过：“诚者，非自成己而已，所以成物也。”[②]意思是只有把人与天、人与物联系起来考虑，才能弄清“诚”的全部含义，说的也是“内外”一致的道理。

在谈到“外王”的具体内容的时候，罗泽南主要强调了两个方面：一是“养民”，一是“治民”。所谓“养民”是指用地主阶级封建土地所有制牢牢地控制广大农民。不过当他看到土地兼并、贫富悬殊的现象包含着社会危机时，他也主张缓和这种矛盾现状。他提出的办法是：“惟正其经界，定其多寡计民之数而授之，则天下之贫富可均，天下之民志可定矣。”[③]所谓“治民”就是用封建政治的统治术治理人民。他把治民的手段归纳为“礼”、“乐”、“刑”、“兵”四个方面。“礼也者，所以昭天地之节者也”；“乐也者，所以昭天地之和者也”；“刑也者，所以彰天之罚者也”；“兵也者，所以行天之讨者也”。[④] 既有硬的一手，又有软的一手，可谓集历代统治术之大成。基于“人治”的观点，罗泽南认为：推行“外王之业”的关键是依靠“得人”，即“有道明君”。他说：

今夫天子者，继天立极，致天下于中和者也；宰辅者，燮理

① 罗泽南：《人极衍义》，第 4 页。
② 同上书，第 5 页。
③ 同上书，第 13 页。
④ 同上书，第 14—15 页。

阴阳，佐天子以建极者也；百官有司，各修天职，挽四方之风气，同归于极者也。天人之理一也，人之所为，即天之所为也。天人之分殊也，人之所不能为者，恃乎天，天之所不能为者，亦俟乎人也。是故五谷丰穰，俟农夫之耕种；蚕桑繁盛，俟女工之缫浴；至理昭著，俟圣贤之发明；民物并生，俟帝王之平治。①

这说明理学经世派并没有完全陷入天命论的泥潭，在一定的程度上看到人事因素的重要作用，不放弃人为的努力。

曾国藩对“外王之业”的理解是与“经世之志”、“经世之学”联系在一起的。他曾说：“圣人者，自天地万物推极之，至一室米盐无不条而理之”，②体现了视天下为己任的用世思想。他理智地认识到，要实现“内圣外王”之业，光有这方面的抱负和志向是远远不够的，还要有足够的经世之才。因此，他“效法前贤澄清天下之志，讲求经世之学”，③于是就把“经世之学”与开“外王之业”结合起来。他于“经济”，用功尤勤，悉心加以讲求，并明确指出有14项要政为必须考究的内容。他说：

天下之大事，宜考究者凡十四宗：曰官制，曰财用，曰盐政，曰漕务，曰钱法，曰冠礼，曰昏礼，曰丧礼，曰祭礼，曰兵制，曰兵法，曰刑律，曰地舆，曰河渠。④

这些内容几乎涵盖了当时清朝最主要的军国大政。对此，曾国藩

---

① 罗泽南：《人极衍义》，第8—9页。

② 引自李鸿章：《曾文正公神道碑》，《曾国藩年谱》附2，第91页。

③ 李元度：《曾文正公行状》，《天岳山馆文钞》卷14，同治年间文光堂刊本，第27页。

④ 曾国藩：《求阙斋日记类钞》卷上，第50页。

不仅自己率先讲求，而且还在属员中加以提倡。一时间，在咸同年间的士大夫中形成讲求经济的风气，使不少理学中人转攻“经济”，矢志于“外王之业”。他们从军、从政，直接参与解决清朝在政治、经济、军事、文教等方面遇到的难题，大显在“事功”方面的身手，在不少方面都取得了成就。清末文人曾廉谈到晚清理学家在“事功”方面的“成效”时指出：

> 其在道光时，唐鉴倡学京师，而倭仁、曾国藩、何桂珍之徒相从讲学，历有数年。罗泽南与其弟子王鑫、李续宜亦讲学穷庐，孜孜不倦。其后内之赞机务，外之握兵柄，遂以转移天下，至今称之，则不可不谓非正学之效也。[①]

这里所说的“转移天下”就是指理学经世派在开掘“外王之业”方面所取得的“成效”。

理学经世派是晚清理学营垒中较有生气和作为的一个思想政治派别。这个派别一手高举程朱之学的儒学正宗旗帜，一手又打出“经世致用”的旗号，调整了理学内部的结构关系。他们既保持了儒学的正统性，又增强了应变性，在一定的程度上弥补了以往理学空疏的弊病。这些因素决定了理学经世派带有强烈的政治色彩和积极干预社会政治的特性，而不甘只寂寞于学坛书斋。在19世纪50—60年代发生的社会大动荡中，他们纷纷走出书斋，投笔从戎，竭力为清王朝效劳，参与对太平天国农民起义的残酷镇压，便是这种政治特性的具体表现。在这一幕血腥的历史惨剧中，理学经世派充当了重要的角色，不少人以军功升官晋爵，博得了“中兴将帅”的美誉，俨然以喜剧收场。这与当

---

① 曾廉：《应诏上封事》，《戊戌变法》第2册，第493页。

年林则徐等人的悲剧结局形成鲜明的对照。他们的这些活动及对“尊孔”“卫道”思想的鼓吹，无疑起到了强化封建统治的政治作用，是与中国近代历史发展趋势背道而驰的。所以我们不能对他们所开掘的“外王之业”进行盲目的肯定，必须作历史的具体的分析和评判。

由于理学经世派带有较浓厚的正统色彩和“卫道”精神，思想上的保守性表现得比较突出，因而与龚自珍、魏源等地主阶级经世派相比，显示出不小的思想差异。

理学经世派与龚自珍等人都对社会现状表示出不满，对清王朝的许多阴暗面进行过抨击和揭露，然而理学中人的批评远远不及龚自珍的深刻。龚自珍的批评敢于触及封建皇权，指责封建帝王为了树立自己至高无上的权威，不惜把臣子视为奴仆、犬马，“未尝不仇天下之士，去人之廉，以快号令，去人之耻，以嵩高其身”。[①] 理学经世派主要把批评的目标集中往朝廷的官吏行政上。他们的批评虽然不留情面，言辞激烈，但是给人造成的印象是国家的弊病都是各级官吏造成的，与皇帝无关，皇帝则永远是圣明的。他们当中也有人规谏皇帝，但不是像龚自珍那样揭露皇权高度集中的弊害，而是希望皇帝按照古代圣人的标准修身养性，更好地实行自己的权力。这种批评的结果只会起到加强君权的作用，其结果与龚自珍的批评是不同的。龚自珍通过社会批判隐隐地感觉到中国的封建社会已经处于“昏时”、“衰世”，是“将萎之华，惨于槁木”，预感中国社会即将发生重大的变化。面对这种变化，他不恐惧、不沮丧，敢于正视。理学经世派

① 龚自珍:《古史钩沈论一》,《龚自珍全集》,第20页。

也预见到社会动荡的来临，但他们把这种动荡看成是对“天理”、“天道”、纲常名教的破坏，主张用重振封建纲常、恢复程朱理学的办法来应付社会的变革。他们对未来的心态与龚氏不同，是以恐惧、凄惶的心情来看待的。他们梦寐以求的只是人心正、风俗淳、教化行的典型封建秩序。与其他经世派比起来，他们的思想显得较为保守，缺乏龚自珍等人精神深处的那种叛逆性格。这些是与他们坚持的“卫道”立场分不开的。理学经世派可以说是晚清地主阶级经世派中的较为保守的一翼。

然而，晚清理学经世派在思想上毕竟保留了一些地主阶级改革派的特征。他们主张“经世致用”，提倡“变易”，具有求实务实的作风，这些积极方面不仅继承了中国传统文化中的精华因素，而且在客观上也顺应了历史发展的潮流。就思想学术而言，理学经世派至少有以下两点值得肯定：

第一，以标榜“经济”影响了当时的士林风气。乾嘉以后，士林风气日益颓废。多数士人或者沉湎八股，或者空谈性理，或者埋首考据，追求脱离实际的空泛文字。为了纠正这种学风。经世思潮应运而生。理学经世派亦提出“以经世之学济义理之穷”的主张，把“义理”与“经济”相提并论，企图以此来改变理学“务虚不务实”的状况，达到挽救学术衰败的目的。尤其经曾国藩等人的提倡，“义理经济”被许多士人所接受，成为他们治学修业的一种指导思想，造就了不少干练务实的人才。曾国藩幕府的人才之盛可以说明这一点。容闳在回忆当年参曾幕的情形时说：

当时各处军官，聚于曾文正之大营中者，不下二百人。大半皆怀期而来。总督幕府中亦有百人左右，幕府外更有候补之官员、怀才之士子。凡法律、算学、天文、机器等专家，无不毕集，几于举全国人才之精华汇集于此。……文正对于博学多才之士，尤加敬礼，乐与交游。[①]

晚清学风由“虚”渐“实”。理学经世派所起的影响是不容忽视的。

第二，开掘了程朱理学的“外王之业”，弥补了理学的不足之处。“内圣外王”尽管是程朱理学的核心内容，但是宋明时期的理学家主要是发挥“内圣”之学，精力全用于性理空谈与“存养”功夫，而忽视了“外王之业”和“事功”，使理学产生了“本末”脱节、“有本无末”的流弊。理学经世派在“本末兼赅”、“体用并举”的主张下，强调“开外王”、“重事功”，在一定的程度上纠正了以往理学偏于重“内”的偏颇，给日趋没落的理学注入了一些活力，使它在衰败的大趋势中出现了短暂的“中兴”。它所显示出的效果尽管只有短短的一瞬，但是却启迪了后来的现代新儒家从“开外王”的角度总结儒家思想的历史经验。正如贺麟在《五十年来的中国哲学》一书中所说的：“在前清咸同年间，清朝中兴名臣，如曾涤生、胡润芝、罗罗山三人，均能本程、朱之学，发为事功。”[②]

① 容闳：《西学东渐记》，湖南人民出版社1981年版，第74页。

② 贺麟：《五十年来的中国哲学》，辽宁教育出版社1989年版，第18—19页。

第五章　外来思潮冲击下的晚清理学

鸦片战争以后，在外来文化的冲击下，理学内部衍发出各种不同的西学观，有的观点在一定程度上表现出对外来文化的某种接纳态度，然而，这些应付只不过反映了封建文化对资本主义近代文化的一种抵制，不可能从根本上改变程朱理学僵化、没落的发展趋势。最后，某些理学家“以夏变夷”的幻想终成泡影，程朱理学终于抵抗不住近代新思潮的冲击，其官方哲学的历史地位就此被写下了句号。

一、理学派的西学观

在鸦片战争之前，绝大多数理学家都沉溺在对“圣人之道”的潜修之中，对域外大势不屑一顾。西方的政情文教对他们来说是十分隔膜的。桐城派学者管同就把舶来的“洋货”一概称为“奇巧而无用者”，不加区分地视“其为伤民资而病中华也”，极力主张断绝中国与外洋的交往，严禁“洋货”在中国流行。他建议清政府对一切“洋货”“宜令有司严加厉禁，洋与吾商贾皆不可复通，其货之在吾中国者，一切皆焚毁不用，违者罪之”。[①] 这种观点在鸦片战

① 管同：《禁用洋货议》，《因寄轩文初集》卷 2，光绪五年重刻本，第 7—8 页。

争以前不惟在理学营垒中，而且在整个士大夫阶层中十分流行，可以说是他们对于西洋文明的普遍看法。鸦片战争以后，这种情况发生了重大的变化。尽管理学中人都标榜自己是虔诚的程朱之徒，然而由于他们看问题的角度不同，在对待外来文化的看法上出现了分歧，形成了不同的西学观。下面介绍几种比较有代表性的观点：

1.“严夷夏之大防”论

持这种观点的人仍然用传统的“夷夏之辨”观点看待已经变化了的中外形势，把西方资本主义国家仍然视为历史上的“夷狄”，不承认他们有什么先进的文明，对于传入中国的外来物，包括对中国明显有益的西方经济技术，一律斥为“奇技淫巧”而加以排斥。他们追求的理想境界就是恢复中国在鸦片战争以前的闭关自守、与世隔绝的状态。理学营垒中偏重于内在修养的一派人多持此种看法。这批人鼓吹“严夷夏之大防”的理论根据之一就是《春秋》。他们认为《春秋》的“微言大义”有两个要点：一是“君臣大义”，二是“夷夏之辨”。方宗诚在《春秋集义》一书中谈到“夷夏之辨”时这样说：

> 夫内夏外夷者，以中夏有君臣父子之人伦，夷狄无君臣父子之人伦，故不得不严绝之。然而外夷之所以内侵，实由中夏不明先王之道，不守先正之法，君臣父子五品之人伦有所失焉，而后外夷得以乘衅而入。故《春秋》之所书明中夏诸侯大夫之是非者为尤多，定中夏诸侯大夫之功罪者为尤著。重内而轻外，所以正其本也，是亦大义之所在也①。

这段话既提出了区分“夷夏”的标准，又提出了“严夷夏之大防”的

① 方宗诚：《春秋集义自序》，《柏堂遗书》，光绪八年刻本。

原则。按照这种观点,区分“夷夏”的标准就是看其是否实行中国封建传统文化特有的三纲五常,实行者是“中夏”,不实行者则是“夷狄”。以自己奉行的文化去衡量其他国家和民族,不仅不能得出正确的看法,而且也是荒唐可笑的。至于“严夷夏之大防”的原则就是“内夏外夷”,“重内而轻外”,即对“夷狄”要深固严绝,而对国内则要用三纲五常治理,这样外敌就不会入侵了。这种观点其实是程朱道德论在对外问题上的延伸。

由于用“内夏外夷”的观点看待中国与世界,理学营垒中的拒外者拒不承认中国有落后于人的地方,不承认西方国家有先进发达之处,甚至连已经成为事实的西方经济科技的先进性也不承认。守旧官员杨廷熙就说:中学是世界上最完美无缺的学术,“体之为天人性命参赞化育之经,用之为帝典、王谟、圣功、贤学之准,广大悉备,幽明可通,所以历代之言天文者中国为精,言数学者中国为最,言方技艺术者中国为备。……西洋于天文数学未必精也”。学习天文算学只要把祖宗留下的拣来就行了,为什么要“自卑尊人,舍中国而师夷狄”?[①] 大学士倭仁则把西学西艺看成是败坏人心的“奇技淫巧”,西方国家是“犬羊之国”,中国传统的天文算学向称发达,根本无需“师夷”。他说:“如以天文、算学必须讲习,博采旁求,必有精其术者,何必夷人?何必师夷人?”[②]他把“师夷长技”视为“求之一艺之末”,是“忘此仇耻”,竭力加以反对。为了达到阻止“师夷”的目的,倭仁大力渲染“以夷变夏”的严重危害性,指出:

---

① 《洋务运动》(中国近代史资料丛刊)第2册,第43页。

② 《洋务运动》第2册,第30页。

今复举聪明隽秀，国家所培养而储以有用者，变而从夷，正气为之不伸，邪氛因而弥炽，数年以后，不尽驱中国之众咸归于夷不止。……今令正途从学，恐所习未必能精，而该书人已为所惑，适堕其术中耳。①

陕西理学家贺瑞麟则把中国在“开关”以后发生的变化看成是正在经历着“以夷变夏”的历史悲剧，具有数千年文明历史的礼仪之邦正在沦为“夷狄禽兽”。他哀叹道：

今日洋务，此事大关世变，中外大闲已驰，不知后更有甚事出来。我中国不但变唐虞三代之局，且正受汉唐宋明之局。千古未有者，今皆有之，奇异日兴，伊于胡底，杞人私忧，何日能已。要之，总由正学不明，人事不立，三纲五常，几无人讲，几何不为夷狄禽兽之归耶？可胜叹哉！②

他们对所有外来物都采取拒绝态度，忌“洋”如仇，誓不两立。贺瑞麟的学生固执到连“洋物”都发誓不用的地步。在他们师生论学时，他的一位学生表示：

愚生言近来多售洋货，夺我中国财源，今零用物件俱渐为改变，未知胡底，实堪痛恨。某因严戒家中，誓不用一洋物。虽力未及于人，请自一家始。言之慷慨激烈，发先生顾谓炳等曰：“此意思甚好，汝当知之。”又曰：“其害不专在此，若彼在中国传教，为害更甚。”愚生言：“若经正则庶民兴，庶民兴斯无邪慝矣。”先生云：“此何待言。”③

在他们看来，中国受到西方列强的侵凌是由于“正学不明”，三

---

① 《洋务运动》第2册，第31页。

② 贺瑞麟：《清麓答问》卷3，第40页。

③ 贺瑞麟：《清麓遗语》卷2，第29页。

纲五常被削弱所致。因此，他们开出使中国强盛的药方就是通过加强封建道德教化来恢复清王朝昔日的“盛世”局面。用倭仁的话来说，就是“立国之道，尚礼义不尚权谋；根本之图，在人心不在技艺”。[①]

当然，也要看到，“夷夏之辨”论者对外来物的排斥也包含着一定的谴责西方列强侵略的爱国因素，企图用“夷夏”论来固结人心，抵制异族势力对中国的侵略。倭仁就念念不忘当年英法联军对中国的蹂躏，谴责说：

> 且夷人，吾仇也。咸丰十年，称兵犯顺，凭陵我畿甸，震惊我宗社，焚毁我园囿，戕害我臣民，以我朝二百年未有之辱。学士大夫无不痛心疾首，饮恨至今，朝廷亦不得已而与之和耳。能一日忘此仇耻哉？[②]

鸦片战争以后，中国遭到西方列强的野蛮侵略，出现了严重的民族危机，对于外来侵略的抵制与谴责是完全应该的。然而，中国在此时遇到的对手和鸦片战争以后的中外形势，都发生了天翻地覆的变化，远非昔日的“夷狄蛮貊”可比拟。在这种情况下，依然用过了时的陈旧观念来看待变化了的新形势，无异于“居神农氏之世，而茹毛饮血；居黄帝之世，御蚩尤之暴而徒手搏之”。[③] 这样做的结果只会用陈腐的思想观念束缚住人们的头脑，使人们采取盲目排外的立场，最终会导致作茧自缚、丧失良机、加剧危机的严重后果。

---

① 《洋务运动》第2册，第30页。

② 同上。

③ 薛福成：《筹洋刍议·变法》，《薛福成选集》，上海人民出版社1987年版，第557页。

2. "西学源于中学"论

在鸦片战争以后相当长时期内，"西学源于中学"论在士大夫中十分流行，这种观点认为西方国家的学术文化渊源于中国，是古代时从中国传去的，后来在域外发展起来。理学营垒中的不少人都是用这种观点来理解西方文化，看待中西学的关系。

广雅书院山长、著名学者朱一新就把西方重学、化学、光学、电学全说成是源出于中国先秦时代的诸子之说，他说：

> 西人重学、化学、电学、光学之类，近人以为皆出《墨子》，其说近之。《关尹》、《亢仓》、《吕览》、《淮南》、《论衡》皆有之。《列子·汤问篇》有重学，《仲尼篇》有光学，皆与《墨子》说同。《抱朴子·金丹篇》言合诸药及水银以成黄金，即化学之理。《黄白篇》言云雨霜雪以药之，与真无异，即电学之理。西人亦自言化学之法本于炼丹术士。至机器本中国旧有之物，近人考之焉详，或更欲附会于经典，则无谓也。①

在他看来，西人承袭的仅是中学之"法"，而非中学之"理"。因此，学西学者只学其"法"就行了，而在"理"的方面应该固守中学的"阴阳五行"等一套说法。阮元在注《大戴礼》时采用了西方天文学的一些说法，受到了朱一新的批评。他说："阮文达注《大戴礼·天员篇》颇有精义，而据西法以证地员已觉无谓。……故儒书皆言五行，西人不明其理，亦无足怪。若注儒书而以西说汩之，是弃其宝而宝康瓠也。"②也就是说，采用西学之"法"是可以的，但是如果采用西学之"理"则大错特错，犯了"弃其宝而宝康瓠"的错误。他为

① 朱一新：《无邪堂答问》卷4，第48页。
② 同上书，第49—51页。

学习西学、“师夷长技”提出一个前提，即“欲御外侮必先作忠义之气，屏浮华之习，而后可与言西学也”[1]。所谓“作忠义之气”就是把中学放在首要的位置，先以三纲五常为思想基础。

“西学源于中学”论在近代中国所起的作用是复杂的。朱一新的思想倾向于洋务派，鼓吹“西学源于中学”论是为推行中体西用的洋务改革而服务的，目的是为了论证西方的科技源于中学，对待其应与对待中学无异，使推行“西用”有理论依据。然而在一些思想守旧的士大夫看来，此论则起到另一种作用。方濬颐曾经说过一段典型的话，他说：

> 西法实出于中国。中国不尚奇技淫巧，而惟以礼乐政刑范围乎宇宙，故得成为声明文物之邦，四海尊之日华夏焉。吾所屏而弗用者，彼则趋之若骛，竭彼之心思材力于奇技淫巧，遂欲驾尧、舜、周、孔而上之。何其愚也！何其悖也！此固天理所不能容者，纵一时簧鼓煽惑，自鸣得意，而彼苍终必以风雷震荡而扫灭之，还我镜清砥平世界也。[2]

在他看来，西学西艺虽然出于中国，但不过是西人从中国学去的“奇技淫巧”，是中国摒弃的“弗用者”。依靠这些“雕虫小技”是不能成为“声明文物之邦”的，从而得出了西学西艺全然无用，无需“师法”的结论。

“西学源于中学”论是在文化寻源思想支配下形成的一种观点。这种观点通过对西学渊源的追寻，把西学、西方文化与中国传统文化联系起来，曲折地反映出中西文化融汇的历史趋势。鸦片

---

① 朱一新：《无邪堂答问》卷4，第52页。

② 方濬颐：《梦园丛谈》内篇，卷4，同治十三年扬州刻本，第1页。

战争以后，一些积极主张“师夷长技”的人物，往往借用这个观点论证西学与中国同源同宗，属于一体，以此反驳守旧派阻挠学习西学西艺的论调。从这个角度上说，“西学源于中学”论起到过一定的积极作用。然而，这种文化观只是用中国传统文化的一孔之见评判外来文化，并把华夏文化看作西方文化的源头，渗透着浓厚的“天朝独尊”、“我族中心”的民族自大观念，带有明显的偏见和狭隘性，不仅不能正确地说明中外文化的源流和它们之间的关系，反而还会造成人们认识上的谬误，巩固和强化民族自大意识。像方濬颐这类守旧的士大夫借用“西学源于中学”论贬低西学，否认学习西学的必要性，便是从消极方面对这种观点的体认。

3.“以夏变夷”论

“以夏变夷”一语出于《孟子》。《孟子·滕文公章句上》说：“吾闻用夏变夷者，未闻变于夷者也。”意思是说先进、发达的中原华夏文化可以影响、改变中原周边的“蛮夷”之族，而华夏文化则不会被“蛮夷”之族所改变。这种观点反映出汉族士大夫的一种文化上的优越感。鸦片战争以后，这种观念被一些理学派士大夫所继承，成为讨论中西文化关系中的一种见解。李元度在《答友人论异教书》中对这种观点作了系统的说明。他认为，西人在中国传教大有“夺吾尧舜孔孟之席”的势头，“窃谓不足虑，抑且深足为喜。不惟不虑彼教夺吾孔孟之席，且喜吾孔孟之教将盛行于彼都，而大变其陋俗。……今泰西诸国适以互市，来其必将用夏变夷，而不至变于夷也决矣。”西教传入中国为什么反而会“以夏变夷”呢？李元度主要提出了以下三点理由。

理由之一：孔孟之道是世界上最完美无缺的圣人之道，可以感化天下所有的人类。他说：

盖尧舜孔孟之教为天地立心，为生民立命，乃乾坤所由以不敝者也。天地之生人为贵，人之道以伦常为本。彼际天并海之夷以千百国计，皆人也，有血气即有心知，皆可以人道治之者也。

他还认为，西方国家“蔑弃伦纪”，一旦来到中土，接触到华夏文明，便会自惭形秽，接受孔孟之教，改变自己原来的礼仪习俗。他说：

（西人）自古不通中国，又相去七万里，礼闻来学，不闻往教，故末由近圣人之居而闻其教耳。天诱其衷以互市，故朋游于中土而渐近吾礼义之俗。彼自知前者之蔑弃伦纪，不复可以为人，有不幡然大变其故俗者邪？

理由之二：孔孟之教可以借用轮船、火车等近代先进的交通工具传入西方，有助于“以夏变夷”的实现。他说：

中国施及蛮貊，舟车所至，人力所通，天之所覆，地之所载，日月所照，霜露所坠，凡有血气，莫不尊亲，故曰配天，此正尧舜孔孟之实录也。其日舟车所至，人力所通，则以大地九万余里尚有舟车人力所不及者。今此通商诸国，天假其智慧，创火轮舟车以速其至此，圣教将行于泰西之大机括也。继诸国而来者，后将不知其纪，尧舜孔孟之教当遍行于天地所覆载之区，特自今日为始造物，岂无意哉！

理由之三：孔孟之教的传播从来都是“以渐而及”的，在中国是这样，在世界也是这样。李元度从中国的历史中寻找支持这种观点的根据，指出：

尧舜孔孟之教在中国亦以渐而及也。尧舜都冀州，其时惟今山西、山东、直隶、河南、陕西数行省为中原，余皆要荒服地也。孔孟时，吴越荆楚尚以蛮夷摈之。……至乾隆中，新疆

> 拓土二万里，则真天下一家，中国一人矣。尧舜孔孟之教，盖渐推渐远，初无一息之停也。

他坚信，孔孟之教经过千百年的"以渐而及"能够实行于中国，也必将"渐推渐远"，在中外互市的情况下"用夏变夷而不至变于夷也"。他认为："以夏变夷"是"元会运世"使然，不是人力所能扭转的发展趋势，他说：

> 抑考元会运世之说，尧时在午，距今不过四千年，正中天之远也，天地之气日趋于文明，故西人之繁富靡丽，乘时以达中土，殆有气机以感召之。其舟车器械，天文算学亦未尝无补于中国。天殆使之竭智慧，以助中国之文明，而即以亲炙中邦者，渐使染于尧舜孔孟之教，岂偶然哉！①

"以夏变夷"论与"严夷夏之大防"论存在着大同小异的关系。这两种观点在本质上都是"夷夏之辨"观念的反映，带有明显的骄己轻人的特点。它们都认为只有中国才有文明，才有人伦，政情习俗与中国不同的国家和民族都是"蛮夷"，西方国家亦是如此。所不同的是"严夷夏之大防"论主张用排斥的方法，把"夷"与"夏"严格区分开，在封闭和与世隔绝的情况下保持"华夏"的文明。而"以夏变夷"论则把中外互市视为推广孔孟之教，用"华夏"文化征服别国的有利时机。持这种观点的人不以中外互市为"忧"，而以其提供"以夏变夷"之良机为"喜"。这两种主张虽有形式上的不同，但其严辨"夷夏"的本意是相同的。

---

① 以上引文均见李元度：《答友人论异教书》，《天岳山馆文钞》卷 36，第 19—21 页。

4."取西人之艺事,以辅吾不逮"[①]

持这种观点的理学中人大都是洋务派或与洋务派有联系的人。他们能够用比较开明的思想看待西方国家及其文明,认为西方国家既有值得"师法"的文明之处,又有"不逮中土"的野蛮习俗。前者指的是西方国家的经济科技,后者则是指西方社会的政教风俗。

对于西方先进的经济技术,这些士大夫不仅予以肯定,而且还实心讲求。早在19世纪50年代,邵懿辰、郭嵩焘就讨论过天文学的问题。郭嵩焘在日记中写道:

> 邵位西来谈,因及西洋测天之略。近见西洋书言日不动而地动,颇以为疑。位西则言,地本静,而天以气鼓之,即《易》所谓承天而时行也。张子《正蒙》已主此说。近日西洋畅发其说,以日为主,五星环之,地轮又环其外。乾隆中,西洋蒋某曾献此议。上命钱大昕竹汀等质问,终疑其说,勿用。予问经星又环何处?位西言:经星皆同天外之天,盖无穷纪也。惟弗先见及此,所以有大千世界之论。经星各自为一世界,而光与此地轮足以相及,故休咎亦与之相应。其说甚奇。[②]

从这段记载看来,邵懿辰不仅阅读过西方天文学著作,而且基本上接受了书中的观点,对"地动说"、"日心说"、宇宙无限论等观点都持肯定态度,并能初步用新的观点来解释天文现象,用《易经》和张载《正蒙》中的观点印证这些新学说。当然,他对这些新学说的理解并不完全正确。例如在谈到"地动"的问题时,他认为地球

---

① 朱一新:《无邪堂答问》卷4,第162页。

② 《郭嵩焘日记》第1册,第26页。

本来是“静”的，由于“天以气鼓之”，才“动”了起来。这显然带有传统的“天动地静”旧说的痕迹。

曾国藩对西方算学表现出浓厚的兴趣和充分的理解。他曾经把中国的《九章算术》和欧洲古希腊科学家欧几里得写的《几何原本》进行比较，看到中国传统算学存在的不足之处，指出：“盖我中国算书以《九章》分目，皆因事立名，各为一法。学者泥其迹而求之，往往毕生习算，知其然而不知其所以然，遂有苦其繁而视为绝学者。无他，徒眩其法而不知求其理也。”这一批评切中了中国传统算学缺乏抽象性的要害。他对西方算学为优点作了充分肯定，说：“《几何原本》不言法而言理，括一切有形而概之曰：点、线、面、体。点、线、面、体者，象也。点相引而成线，线相遇而成面，面相叠而成体，而线与线、面与面、体与体，其形有相兼、有相似，其数有和、有较、有有等、有无等、有有比例、有无比例。洞悉乎点、线、面、体而御之加、减、乘、除，譬诸闭门造车，出门而合辙也。奚敝敝然逐物而求之哉？”这些话对西方几何学的特点概括得相当精辟，评价也很中肯。在对比中西算学的基础上，他得出的结论是：

> 《九章》之法，各适其用，《几何原本》则彻乎《九章》立法之源，而凡《九章》所未及者无不赅也。致其知于此，而验其用于彼，其如肆力小学而收效于群籍者欤？①

曾国藩认为，《几何原本》不仅与《九章算术》同样重要，而且涉及的内容更丰富，都应该大力讲求。“肆力小学而收效于群籍”的比喻，恰当地反映出算学与其他科学的相互关系，表明了他对包括西方算学在内的自然科学的重视。在后来的洋务运动中，他不仅

---

① 引自《曾纪泽遗集》，岳麓书社 1983 年版，第 134 页。

主张引进西方的经济技术，而且还实际组织了对西方自然科学知识的翻译介绍。他在一道奏折中说：

翻译一事，系制造之根本。洋人制器，出于算学，其中奥妙皆有图说可寻。特以彼此文义杆格不通，故虽日习其器，究不明夫用器与制造之所以然。本年(引者按：1868年)局中委员于翻译甚为究心，先后订请英国伟烈亚力、美国付兰雅、玛高温三名专择有裨制造之书，详细翻出。现已译成《机器发轫》、《汽机问答》、《运规约指》、《泰西采煤图说》四种。拟俟学馆建成，即选聪颖子弟随同学习，妥定课程，先从图说入手，切实研究，庶几物理融贯，不必假手洋人，亦可引伸另勒成书。[①]

这段话说明，主张"师夷长技"的理学家们已经意识到在西洋物质文明背后还蕴藏着丰富的学术知识，并把这些东西也当作追求的目标。

然而，在谈到西方的制度文化和精神文化的时候，持此种观点的理学家却暴露出自己的偏见与隔膜。对西方国家的这些方面，他们大体上持否定和批评态度。他们不相信西方国家有悠久的历史文化传统，认为："西人之言古制，穿凿附会，视教徒尤有过之。其所言周、秦以前之制度，断难凭信"，断言："大率耶氏未出以前，西土有政而无教。"西人的"性理之学"，"皆不足深信"[②]。他们对西方不讲三纲五常尤其反感，认为在人伦道德方面西方国家还处在"戎翟"时代的水平上。朱一新对西方国家的教化作过这样的评价：

---

① 曾国藩：《新造轮船折》，《曾文正公奏稿》卷27，光绪二十九年鸿宝书局石印本，第2页。

② 朱一新：《复康长孺孝廉》，引自《康有为全集》第1集，第1057—1058页。

西俗于君臣、父子、夫妇、兄弟，一以朋友之道行之。凡所谓父子主恩、君臣主敬、长幼有序、夫妇有别者，彼皆未之前闻，而复以利为重。利尽则交绝，父子、夫妇貌若途人，更何有于朋友？礼制虽繁，虚文相尚，名虽兼爱，实则为我，故人人各保权利之说。近日愈倡愈行，弱者肆其诪张，强者奋其牙角，幸而未底于亡者，各国皆自为世仇，人怀好胜之念，互相猜忌，而猝莫敢先发耳。①

朱一新对西方国家实行的议会制度、民主制度偏见甚深，大加指责：

西国议院之制，肇于昂飞的安，成于梭伦，行之至今，亦多有名无实，而历代党祸每由此起。其尤甚者，如英王查尔斯为叛党所弑，至声王罪而肆诸市朝，振古所未闻也。《后汉书·西域传》："大秦有三十六将，会议国事，其王无有常人，简立贤者。"此即议院与民主之制。然大秦由君主而易民主，自屋大维践位后，仍为君主者千有余年，足见共和之治非可垂诸久远。近时，法人置君如弈棋，民气愈嚣，国势遂弱，尤其明证。西国如意大利为教王所驻之地，而盗贼最多。法郎西为文学久著之邦，而风俗最靡。独德与俄在西土中犹为俭朴，势乃勃兴。觇国者可思其故矣。②

总之，持这种观点的理学家在对西方国家的认识上一直比较矛盾。他们肯定西方的物质文明，而否定其制度文明和精神文明；接纳西学西艺，而排斥其政治制度。"取西人之艺事，以辅吾不逮"

① 朱一新：《无邪堂答问》卷2，第30页。

② 同上书，第72—73页。

正表达了这种思想。“吾不逮”是指中国在经济技术上落后于西方的地方,能够承认这一点,并对西方物质文明表示接纳,在当时的历史条件下,还算是开明的。曾国藩等洋务派官僚正是在这种观念的支配下拉开了洋务运动的序幕。他在1860年(咸丰十年)12月的一道奏折中提出:

无论目前资夷力以助剿济运,得纾一时之忧,将来师夷智以造炮制船,尤可期永远之利。①

次年,他在另一道奏折中进一步指出:

购买外洋船炮,则为今日救时第一要务。……购成之后,访覃思之士,智巧之匠,始而演习,继而试造,不过一二年,火炮船必为中外官民通行之物,可以剿发逆,可以勤远略。②

这些言论表明,主张“师夷”的理学家对西方技艺的接纳不仅表现在思想主张上,而且付诸于行动。然而在这个过程中,他们始终没有忘记突出“中学”的主导作用,用孔孟之道、三纲五常去制约“西艺”、“西用”。1871年(同治十年)9月,曾国藩、李鸿章联衔奏请清廷向美国派遣留学生。其大要为:“拟选聪颖幼童,送赴泰西各国书院学习军政、船政、步算、制造诸学,约计十余年业成而归,使西人擅长之技中国皆能谙悉,然后可以渐图自强。”③另一方面,曾国藩等人又担心留学生在外洋沾染“夷习”、“夷俗”,沦于“异学”,背弃“尊亲大义”,遂制定《挑选幼童及驻洋应办事宜章程》六条,特别规定:幼童出洋后,在学习西学的同时必须兼习中学,课以《孝经》、

---

① 曾国藩:《遵旨复奏借俄兵助剿发逆并代运南漕折》,《曾国藩全集·奏稿二》,第1272页。

② 曾国藩:《复陈购买外洋船炮折》,《曾国藩全集·奏稿三》,第1603页。

③ 《洋务运动》(中国近代史资料丛刊)第2册,第153页。

《小学》、《五经》及《国朝律例》等书，并定期传集各童，宣讲《圣谕广训》，以便使“尊君亲上之义”[1]牢牢扎根于幼童脑海中。该措施充分体现了“中体西用”的精神。在处理中学与西学关系的问题上，他们始终坚持“中字为体，西学为用”，“理学高于西学”，“习西学必先习理学”的原则，正如朱克敬所说：

近日学西法者，多糟粕程朱，秕糠孔孟，赞美夷人，以为事事胜于中学，以夷变夏，即可自强，此大误也。中国之法，万世不易之经。今日之弊，由学者不能实践，非孔孟程朱之罪也。夫人知忠爱，名分凛然，中国之长也；但守法令，不习诗书，夷人之短也。今我方舍旧谋新，而彼乃广购经史，教其国人诵习；我专学彼之短，彼尽得我之长，则强弱之势愈悬，猾夏之祸愈烈，不数十年，衣冠礼乐之邦，将成为兽蹄鸟迹之道。此鄙人至所大惧也。故学西法者，必先究心于理学，庶不至猖狂横流，遗祸千秋[2]。

在以上提到的四种观点中，影响较大者是第一种和第四种。“严夷夏之大防”的观点是一种盲目排外的对外态度，反映出理学营垒中比较守旧的一派人的思想。“取西人之艺事，以辅吾不逮”的观点则在一定程度上接纳西艺西学，对外来文化采取了开明的态度，反映出理学经世派一部分人的西学观。这两种观点的分化反映出程朱理学在近代社会变革风雨的冲击下所处的矛盾立场，即对于外来的挑战，它既有抵制的一面，又有适应的一面。在变化了的形势面前，它难以保持思想上的统一性，开始向不同的路向发

① 《洋务运动》第2册，第158页。

② 朱克敬：《谬戒》，《柔远新书》卷4，光绪七年长沙刻本，第29页。

生分化。由于程朱理学是清王朝的官方哲学,它在内部所形成的各种对外观念成为一些社会政治集团所遵行的思想指导原则。“严夷夏之大防”的观点成为封建守旧派反对外来文化,抵制社会变革的主要思想理论武器;“取西人之艺事”及“中体西用”等观点则成为洋务运动的主要理论根据。它们都在晚清的政治舞台上扮演了不同的角色,发挥了不同的作用。

在晚清理学营垒中出现的各种对外观念中,“取西人之艺事”的观点格外引人注目,对晚清社会产生了颇大的影响。从其代表人物的论述中可以看出,程朱理学与儒学的其他派别一样,对外来文化并非一味排拒,也有着兼容性的一面。这种品格并不是在近代才形成的,而是表现在理学发展的各个历史时期。在初创时期,理学就在传统儒学的基础上,吸收了佛道二教的一些思想因素,构筑成了新儒学的思想体系,显示出了相当的兼容性。明末清初,西学东渐,士大夫中出现了考求西学的热潮,其中不乏理学中人。康熙朝的理学名臣李光地就曾经对西方传教士带来的科技知识产生过浓厚的兴趣,不止一次地同比利时传教士南怀仁讨论过天体结构的问题,并在《记南怀仁问答》一文中记载了他们的讨论。在《历法》、《算法》等著作中,李光地肯定了西方科技的先进性,表达出接纳西艺的愿望。他反对把西艺目为“奇技淫巧”,指出:

> 西洋人不可谓之奇技淫巧,盖皆有用之物,如仪器、佩觿、自鸣钟之类。《易经》自庖牺没,神农作;神农没,尧、舜作。张大其词,却说及作舟车、耒耜、杵臼、弧矢之类,可见工之利用极大。《周官》一本《考工记》,全说车。①

---

① 李光地:《三礼》,《榕村语录》卷14,中华书局1995年版,第25页。

李光地把西洋的技术工艺与中国古代的物质文明等量齐观，肯定了它们具有同样的价值，反映出程朱理学对外来文化所表现出的兼容性。清末理学派士人对西方文化的接纳，正是理学的兼容性在历史发展中的延续。

程朱理学在晚清时期表现出的兼容性，不仅是对儒学历史传统的继承，而且还受到近代社会一些特定的思想因素的影响。经世致用思潮就是其中的一个主要因素。如果详细考察一下接纳西学的晚清理学家，就会发现他们大都是具有“经世致用”思想的一派人。在接纳西学之前，他们的思想发展都经历过一个主张“经世致用”的阶段。“经世致用”思潮中“务实”、“求变”的思想因素，有助于克服“夷夏之辨”等守旧观念，形成接纳西艺、融汇中西的思想。例如，对西方物质文明的肯定和对中国在经济技术方面落后性的认识，就与“务实”精神分不开。正是在与西方物质文明的实际接触中，才使理学中的一些人体会到西方“长技”的优越性、实用性，认识到它们对于巩固清王朝统治的实际价值。于是这些人便从政治实用的立场出发，局部性地改变传统的对外观念和统治方法，从外来文化中摄取对自己有用的东西，把“师夷长技”从思想主张变为实际行动。曾国藩等理学经世派大力主张购买洋枪洋炮、开办近代军用民用企业、翻译西书、派遣留学生出国学习等，无一不是出于政治实用的考虑，体现了“经世”思潮中的“务实”、“求变”精神。

此外，我们还要看到，程朱理学中的“格物致知”的认识论，也是沟通中西学、中西文化的重要思想媒介。

“格物致知”是儒学中一个古老的哲学命题。朱熹把这句话阐释为“即物穷理”，意思是通过探究天下之物来体认包含在物中的

"天理"。这句话的主旨虽然是指对封建伦理道德的践履，但不少理学家对"物"的解释比较宽泛，一般都解释为"天下万事万物"，而不仅仅局限在伦理道德方面。"格物致知"隐含了经验对于认识的重要意义，成为我国古人对认识论所作的语言概括。当西学传入中国后，士大夫们自然用这种既定的认识方法去看待它，从方法论的角度对待西学，于是便把西学中的自然科学与"格致"联系起来。这种情况在明末清初已经出现。如西洋传教士艾儒略编写过一本《西学凡》，介绍了当时欧洲大学所开设的哲学、医学、法学、宗教和科学等课程，受到开明士大夫的欢迎。这些学科都被称为"实学"，被认为可以弥补儒学的空疏和汗漫。明儒许胥臣为之作序云：

> 程子曰：儒者本天。盖宗古敬天畏天言之。游、杨、吕三家，亲出程氏之门，而已有径庭之误，朱子辨之详实。浸淫于迷化谬，眯于提宗，而格致一种学派，晦蚀几尽，不图有返本究原，苦修实体，而理析于茧丝牛毛，教摄于践形超性，如艾氏所述西方之学者。读其凡，其分有门，其修有渐，其旨有归，恍然悟吾儒格物，原非汗漫，致知必不空疏，而格致果跻治平，治平必肇端于格政也。……读《西学凡》，而学先格致，教黜空虚，吾亦取其有合于古圣之教而已矣。[①]

在他看来，格致学在中国一度"晦蚀几尽"，而《西学凡》则体现了"格物致知"的意义，可以启发人们重新认识"格物致知"的奥义。这种观点首次把"格物致知"作为沟通中西学的认识桥梁，并为晚清开明士大夫认识西学提供了一个看问题的新视角。晚清的开明

---

① 许胥臣：《西学凡引》，引自徐宗泽著：《明清间耶稣会士译著提要》，中华书局1949年版，第293—294页。

士大夫延续了这种看法，并明确而具体地把西方自然科学，诸如天文学、数学、物理学、化学、地质学等，统称为“格致学”，把这些学科视为“因其已知之理而求其未知之理”的工具和方法，归到宋儒所讲的“格物致知”的门下。近代科学家徐寿在《格物汇编序》中指出：

> 致知格物之学，乃修齐治平之初级工夫。朱子所谓推极吾之知识，欲其所知无不尽；穷知事物之理，欲其极处无不到也。盖人心之灵，莫不有知，而天下之物，莫不有理。若不因其已知之理而求其未知之理，循此而造乎其极，则必于理有未穷，而于知有不尽矣。……所谓格致之有益于人而可施诸实用者，如天文、地理、算数、几何、力艺、制器、化学、地学、金矿、武备等，所其大宗也。①

徐寿对“格物致知”抽象意义的解释虽然一本朱熹的说法，但是对其具体内容的界定则发生了新的变化，从宋儒讲的“修齐治平”等伦理道德行为扩展到“有益于人而可施诸实用者”的科技领域，使“格致之学”在近代中国成为自然科学的代名词。《申报》在19世纪70年代刊登过一篇题为《拟创建格致书院论》的文章，表达了晚清士人在“格致”观念方面发生的新变化。文章说：

> 惟是设教之法，古今各异，中外不同，而格致之学则一。然中国之所谓格致，所以诚正治平也；外国之所谓格致，所以变化制造也。中国之格致，功近于虚，虚则常伪；外国之格致，功证诸实，实则皆真也。②

---

① 徐寿：《格致汇编序》，《格致汇编》第1年第1卷，光绪二年五月版。

② 《申报》，同治十三年正月二十八日刊第1版。

这就是说，中外的“格致之学”在精神实质上是完全一致的，不同之处只是表现在治学侧重点方面。中国的“格致之学”侧重于政治伦理，西方的“格致之学”侧重于科技实用。由于侧重点的不同，使中国的“格致之学”带有“务虚不务实”的缺陷，而纠正这种缺陷的办法就是采用西方“格致之学”的务实性。这样就得出了融汇中西学的结论。可见，宋儒的“格物致知”论对于晚清士大夫体认西学起到了重要的认识媒介的作用。中国学人之接纳西学应该说首先是通过这种传统认识模式来体现的。

当然，由于程朱理学在晚清时期还不可能被近代思想所改造，依然保持着原来的结构，传统儒学固有的落后性、保守性不可避免地会制约着其内在的积极因素，因此，那些主张“师夷长技”的理学家对外来文化采取了有选择、有条件接纳的态度。选择的原则就是必须保持自身体系的精神内质——孔孟程朱学说的绝对统治地位的稳固不变。西学中只有与这个根本精神相符合，或于此无害的东西，才能被接纳，否则便予以排拒。这是理学家们对待一切外来文化因素的基本原则。理学派的创始人如此，晚清的理学家也是这样。只不过后者把这个原则具体发挥成为“中学为体，西学为用”，以此来应付因西方思潮涌入而形成的挑战局面。根据这个尺度来衡量，西方国家的政治制度与社会观念因与中国的君主专制制度及其道德观念相抵触被视为“异端邪说”，因而被加以排斥；而西方国家的经济技术则与中国的圣人之道无大妨碍，因此被视为接纳的对象。这些人企图通过采用西方的物质文明来维持中国封建主义的纲常名教，岂知这种做法不过是将资本主义的文明生硬地嫁接到封建主义的社会肌体上，将它们机械地加以割裂、拼凑，难以结出丰硕的果实。所以晚清时期在理学思想指导下的中西文化融合始终表现出一种病态的结合。

二、冲突与衰落

在19世纪末，新兴资产阶级的意识形态开始形成。中国资产阶级在继承传统思想中的民主性精神因素的同时，吸收了西方资产阶级的进化论、民权说等思想，形成了与封建主义的君权论和道德论相对立的思想体系。他们不仅反对封建顽固派“天不变，道亦不变”的陈腐观念，而且对洋务派“变器不变道”、“中体西用”论也表示出不满，要求实行比洋务运动更深入的社会改革。尤其在中日甲午战争以后，随着戊戌维新运动的兴起，这种早期的资产阶级意识形态发展成为维新变法思潮。其代表人物康有为、梁启超等用新的思想理论武器，对以三纲五常为核心的封建意识形态展开猛烈的批判，汇成了中国近代史上第一次思想解放的潮流。西学与中学之争、民权与君权之争、学校与科举之争，就是新兴资产阶级与封建守旧势力在意识形态方面激烈斗争的几个焦点问题。

就在新兴资产阶级思潮兴起的同时，传统儒学营垒内部各个派别之间的关系也发生了新的变化。它们之间的矛盾得到暂时的缓和，从对立转变为合流。汉学和宋学合流、顽固思想和洋务思想的合流便是这种变化的具体表现。这种合流一方面是传统儒学内部自我调节的结果，另一方面则是出于应付新兴资产阶级思潮冲击的需要。在清王朝支持的官方意识形态中，程朱理学毫无疑问地占着相当重要的地位。因为这个时期思想领域的斗争主要是在新兴资产阶级和封建守旧势力之间展开，封建君主专制及其意识形态成为新思潮抨击的主要目标。在这种形势下，以阐述义理为专长的程朱理学自然受到守旧士大夫的高度重视，成为他们用来抵制新思潮的有力武器。守旧官员许应骙曾表示：

> 故其事必须修明孔孟程朱、四书五经、小学性理诸书，植为根柢，使人熟知孝弟忠信、礼义廉耻、纲常伦纪、名教气节，以明体，然后再学习外国文学、言语、艺术以致用，则中国有一通西学之人，得一人之益矣。若全不讲为学为政本末，如迩来《时务》、《知新》等报所论，尊侠力、伸民权、兴党会、改制度，甚则欲去跪拜之礼仪，废满汉之文学，平君臣之尊卑，改男女之外内，直似止须中国一变而为外洋政教风俗，即可立致富强，而不知其势，小则群起斗争，召乱无已，大则各便私利，卖国何难。①

也就是说，孔孟程朱的义理之学是为学为政、做人处世的大本大源，只有确立了这个"根柢"、"本体"，才能保住人的"善性"，不为"异端邪说"所迷惑。值得注意的是，曾国藩、罗泽南等理学经世派的思想学术此时忽然备受守旧士大夫的推崇，被视为旧学中的样板。湖南守旧儒生草拟的《湘省学约》中说：

> 夫世运之兴衰系于学术。学术者，人才之根基，天下国家所恃以致治而靖乱者也。吾湘人才茂美，由乡先正讲明学术，不骛歧趋。国朝中兴，彬彬极盛，其中如曾文正、左文襄、胡文忠、罗忠节杰出无论。考其为学，不外义理、考据、辞章、经济。此四者，析之则殊途而异趋，合之则同条而共贯，亦在人观乎其大而已。②

---

① 许应骙：《明白回奏并请斥逐工部主事康有为折》，《戊戌变法》(中国近代史资料丛刊)第 2 册，第 485 页。

② 苏舆辑：《翼教丛编 · 湘省学约》卷 5，第 14 页。

理学经世派的思想所以受到推崇，无非是他们的思想主张较好地将义理与经济统一起来，既体现了传统儒学的原则性，又具备了知权达变的灵活性，在抵制新思潮的冲击方面，远比其他传统思想更富有成效。

从中日甲午战争到辛亥革命的十余年间，程朱理学经历了戊戌维新变法运动和辛亥革命两次资产阶级思想文化及政治斗争的风云震荡，受到资产阶级维新派和革命派的严厉批判，动摇了它在意识形态领域内的统治地位。

戊戌维新运动时期，康有为、梁启超、谭嗣同等维新派宣称，程朱理学并非孔孟儒学的“嫡派”，否认其为儒学“正宗”。康有为治学以今文经学为正宗，对今文经以外的各个学派都持反对态度，理学也在他反对之列。他对理学正宗地位的否定是逐步升级的。在《万木草堂口说》中，他还把宋学视为孔学的一派，只不过否认是孔学的“嫡派”。他说：“周、程、朱、张，二千年来莫之能及也，其学为孔子传人，然尚非嫡派耳。”[①]批评的口气还比较缓和，到《新学伪经考》中，他的否定性语调进一步升级，非但认为宋学不是孔学“嫡派”，而且称其为“伪经”、“伪学”的变种。他指出：

> 凡后世所指目为“汉学”者，皆贾、马、许、郑之学，乃“新学”，非“汉学”也；即宋人所尊述之经，乃多伪经，非孔子之经也。“新学”之名立，学者皆可进而求之孔子。汉宋二家退而自讼，当自咎其夙昔之眯妄，无为谬讼者矣。[②]

谭嗣同完全赞同康有为称汉学、宋学为刘歆“伪学”变种的说

---

① 康有为：《长兴学记·桂学答问·万木草堂口说》，中华书局1988年版，第80页。

② 《康有为全集》第1集，上海古籍出版社1987年版，第573页。

法，指出：

> 当慨孔教之衰，经学茫昧故也。既乱于汉，又乱于宋，一以为巫史，一以为乡愿，孔教之存，宁有幸乎？[①]

谭嗣同说的“孔教之衰”是指今文经学的衰落；“一以为乡愿”是批评宋儒标榜道德，空谈性理，言行不一，失去了孔教的真义。康有为等人扬今文，抑理学，用今文经的孔子取代程朱，表面看来似乎是儒学内部的学派之争，实际上康氏阐释的孔子带有近代思想色彩，对理学的批判已经属于新旧势力思想斗争的范围，与过去儒学内部的学术论争根本不同。

资产阶级革命派则对程朱理学进行了更为激烈的批判。邹容对恪守汉、宋学的旧式文人的迂腐作了辛辣的嘲讽，指出：

> 中国士人又有一种岸然道貌，根器特异，别树一帜，以号于众者，曰汉学，曰宋学，曰词章，曰名士。汉学者流，寻章摘句，笺注训诂，为《六经》之奴婢，而不敢出其范围。宋学者流，曰守其《五子近思录》等书，高谈其太极、无极、性功之理，以求身死名立，于东西庑上啖冷猪头。[②]

章太炎在《演说录》中揭露了程朱理学在封建专制时代所起的助纣为虐的恶劣作用，指出：“只这几句宋儒理学的话，就可以任意杀人。世人总说雍正待人最为酷虐，却不晓是理学助成的。”[③]他用近代理性的眼光审视程朱之学说，提出用“公理”取代“天理”，否定“天理”的合法性。他说：“洛闽诸儒，喜言天理。

---

① 谭嗣同：《与唐绂丞书》，《谭嗣同全集》上册，第 262 页。

② 邹容：《革命军》，《辛亥革命》（中国近代史资料丛刊）第 1 册，上海人民出版社 1981 年版，第 340 页。

③ 《辛亥革命前十年间时论选集》第 2 卷上册，三联书店 1977 年版，第 455 页。

……然宋世言天理，其极至于锢情灭性，丞民常业，几一切废弃之。”因为“天非苍苍之体，特以众所同认，无有代表之辞，名言既极，不得不指天为喻。而其语有疵瑕，疑于本体自在。是故天理之名，不如公理，可以见其制之自人也。骤言公理，若无害矣”。[1]《国民日报》发表了一篇题为《道统辨》的文章，公开向宋儒所推崇的道统论发出挑战。文章指出：道统论完全是由封建统治者人为制造出来的，“夫专制君主之御民也，必托黜邪崇正之名，以束缚臣民之思想，使臣民柔顺屈从，而消磨其聪明才力”，一针见血地揭露了道统论的实质。文章强调，宋儒对于道统论的形成、传播关系甚大，影响极为恶劣：

见夫宋儒尊三纲、定名分之说，可以有利于专制也，遂从而表章之，名为尊圣道，实则塞人民之心思耳目，使不敢研究公理而已。其有一二智能之士，则坐以非圣无法之名，而加之刑辟。正统之说，足以长君之专制之焰；统系之说，足以启家族压制之端。以平等之理观之，果孰为统而孰为非统耶？

文章特别谴责推崇道统论造成的严重危害，这就是独尊一家，思想一统，压制异己，窒息活力。文章指出：

中国学术所以日衰者，由于宗师之一统也。宗师之统一，即学术之专制也。……道统既立之后，更为宋学之专制矣。至宋学之专制成，而凡立说之稍异宋学者，悉斥为事杂言庞，于是更缘饰经传一、二语曰：“攻乎异端，斯害也已。”曰：“道不同不相为谋。”……后之托伪学以自固者，无所发明，无所辨别，惟执古人之陈言旧说，托以自高，而为古人之奴隶。所以

① 《辛亥革命前十年间时论选集》第3卷，第65页。

异端正学之辨日严，而道德之腐败日甚也。[①]

文章在最后明确提出了"不欲尊宋儒之学为道统耳"的主张。这篇文章用近代学术观点深刻揭露了道统论的专制性、封建性的实质，及其给中国文化学术造成的严重危害，从政治上和学术上对这种理论予以大胆的否定，充满着强烈的反封建精神。它在对道统论及程朱理学进行理论批判的鲜明性和尖锐性方面超过了康有为等维新派的水平，反映出资产阶级革命派文化学术思想的新风貌。

以理学为精神武器的封建守旧派与新兴资产阶级斗争的中心问题就是要不要用资产阶级政体（包括君主立宪制度和民主共和制度）取代君主专制政体，用民权思想取代三纲五常观念。为了维持腐朽的封建统治，守旧派大肆鼓吹程朱理学的政治论、道德论、宇宙论，为封建君主专制辩护，美化禁锢人心的三纲五常。叶德辉吹捧清朝的专制统治"远轶汉唐，比隆三代"，"深仁厚泽，翔洽宇内"。张之洞在《劝学篇》中专门撰写了《教忠》篇，美化清朝统治是什么"自汉唐以来，国家爱民之厚，未有过于我圣清者"，吹捧清王朝对人民实行了"薄赋"、"宽民"、"慎刑"、"恤商"、"惠工"、"爱士"等"惠政"。总之，中国的君主专制制度是天下最完美无缺的政体，只能原封不动地保存，不得做丝毫变动。守旧派坚持形而上学的宇宙观，把封建主义的纲常名教看成是支配一切，决定一切的精神力量，具有万古不变为永恒性。他们一再表示："孔子之制在三纲五常，而亦尧舜以来相传之治道也。

① 《辛亥革命前十年间时论选集》第1卷下册，第738—739页。

三代虽有损益，百世不可变更。”[①]说什么如果没有纲常名教，不讲等级尊卑，人类将不成其为人类，中国将不成其为中国。他们对维新派所宣传的自由平等思想极端仇视，认为是败坏封建纲常的祸根。守旧儒生曾廉在给朝廷的一道上书中说：“今天下之患，莫大于以西学乱圣人之道，堕忠教之常经。”[②]他所指的“西学”，就是“泰西民权平等之说”。他们极力反对政体改革。在他们看来，西方国家的政体，无论是君主立宪，还是民主共和，无一不是弊端累累，混乱不堪。守旧官员王仁俊危言耸听地说：中国如果实行了西方的政治制度，“不十年而二十三行省变为盗贼渊薮”，“不十年而四万万之种夷于禽兽矣”，并断言：“民主万不可设，民权万不可重，议院万不可变通。”[③]

针对封建守旧派维护纲常名教和君主专制的思想观点，新兴资产阶级代表人物用西方民权思想为武器，开展了深刻的批判。这种批判实际上是对程朱理学进行的深层次的清算。戊戌变法时期维新派对守旧思想的批判尤其表现得有声有色。如严复在《辟韩》一文中就大胆地对韩愈作了口诛笔伐。韩愈是唐代著名的思想家、文学家，是儒学的一位卫道士。宋理学家对他很推崇，尊为儒学的传道之人。后人因此把他视为宋理学的思想先驱。严复的《辟韩》紧紧抓住韩愈的代表作《原道》为反对目标，用近代民主思想予以严厉批判。《原道》是韩愈发挥封建专制主义理论的代表作，其中心思想是宣扬君主民仆、君权至上的专制说教，为君权的神圣性、权威性作辩护，对中国封建社会后期的专制主义的强化有

① 叶德辉：《读西学书法后》，《翼教丛编》卷4，第69页。

② 曾廉：《应诏上封事》，《戊戌变法》第2册，第493页。

③ 王仁俊：《实学平议》，《翼教丛编》卷3，第16页。

着重要的影响。严复用近代民主思想驱散了其罩在君主君权之上的灵光，斥责封建专制君主为“窃国者”，而称人民为国家的主人，阐述了主权在民、民主君仆的新观点。他说：“国者，斯民之公产也；王侯将相者，通国之公仆隶也。”[①]严复对韩愈君权论的批判，直指三纲五常中之首纲——“君为臣纲”，从根本上触动了程朱理学的重要理论基础，否定了理学的政治论。

维新派在融合中西思想的基础上提出了新的世界观，批判了宋理学的宇宙论。康有为对朱熹的理气论提出质疑，指出：“朱子谓理在气之先，其说之非。”[②]他一反朱熹的观点，认为不是“理”决定“气”，而是“气”决定“理”，指出：“凡物皆始于气，有气然后有理。”[③]他在这里用唯物论的观点重新解释了“理”与“气”的关系，具有进步的意义。在宇宙本源的问题上，康有为提出了“气”和“元”的说法，否定了程朱把“理”、“太极”、“道”等范畴称为万物本源的观点。他最初主张“气”是万物之本源，以后他又提出“元”作为宇宙的本源。他在《春秋董氏学》中指出：

> 是以《春秋》变一谓之元，元犹原也。其义以随天地终始也。故人唯有终始也，而生不必应四时之变，故元者为万物之本，而人之元在焉。[④]

尽管康有为对“元”的解释存在着矛盾，但这毕竟提出一个与“理”相对立的哲学新概念，具有否定程朱宇宙论的意义。

在人性论的问题上，维新派用近代资产阶级解放个性的观点

---

① 《严复集》第1册，第36页。
② 康有为：《长兴学记·桂学答问·万木草堂口说》，第65页。
③ 同上。
④ 康有为：《春秋董氏学》，中华书局1980年版，第124页。

批判了程朱理学的“存理灭欲”的禁欲主义说教，否定了理学宣扬的人性论、道德论。程朱等人在人性论上主要继承了孔孟的性善说，对性善说以外的观点者予以否定。康有为则赞同告子的“性无善无不善”说，反对孟子的性善论。他说：“凡论性之说，皆告子是而孟子非。”[①]他进而反对宋儒提出的双重人性论，指出：“程子、张子、朱子分性为二，有气质，有义理，研辩较精，仍分为二者，盖附会孟子。实则性全是气质，所谓义理，自气质出，不得强分也。”[②]在他看来，宋儒把人性划分为“气质之性”和“义理之性”是牵强附会的，不过是附会孟子的观点。他认为，人只有“气质之性”，不存在一个超然于“气质之性”之上的“义理之性”，他所说的“气质之性”是指人的生理上的本能、特性，即自然属性。针对宋儒以道德的高下而划分人有“君子”、“小人”之别为等级观点，他提出“人性平等”的主张，说：

> 若名之曰人，性必不远，故孔子曰：“性相近也。”夫相近，则平等之谓，故有性无学，人人相等，同是食味、别声、被色，无所谓小人，无所谓大人也。有性无学，则人与禽兽相等，同是视听运动，无人禽之别也。[③]

这一观点包含了对封建等级观念的批判。

在对程朱理学道德论的批判中，表现最激烈的要算谭嗣同。他在《仁学》中提出“冲决网罗”的响亮口号。这些“网罗”包括“君主之网罗”、“伦常之网罗”，正是程朱理学所维护的封建旧教条。他认为，自秦汉以后，孔子学说的真意湮没不彰，儒学被专制君主

---

① 康有为：《万木草堂口说》，《康有为全集》第2集，第382页。

② 康有为：《长兴学记》，《康有为全集》第1集，第547页。

③ 同上。

扭曲变形，成为愚弄广大人民的精神工具。其中最典型的就是宋学。他揭露说：

> 至宋又一小康，而太宗术之于上，修《太平御览》之书，以消磨当世之豪杰，孙复术之于下，造《春秋尊王发微》，以割绝上下之分，严立中外之防，惨鸷刻核，尽窒生民之灵思，使不可复动。遂开两宋南北诸大儒之学派，而诸大儒亦率莫能脱此牢笼。且弥酷而加厉焉。呜呼！自生民以来，迄宋而中国乃真亡矣！……其在上者，亦莫不极崇宋儒，号为洙泗之正传，意岂不曰宋儒有私德大利于己乎？①

在人性问题上，他与康有为的观点一样，反对宋儒的"以理遏欲"论，认为"理"出于"欲"，承认人欲的合理性，他说：

> 世俗小儒，以天理为善，以人欲为恶，不知无人欲，尚安得有天理！吾故悲夫世之妄生分别也。天理，善也；人欲，亦善也。王船山有言曰："天理即在人欲之中；无人欲，则天理亦无从发见。"②

这是从理论上对宋儒人性论的否定。这些批判都揭露了封建统治者利用程朱理学束缚思想、禁锢人心的荒谬实质，鞭笞了理学"以理杀人"的恶果，不仅继续了清代进步思想家戴震对理学的清算，而且也是"五四"新文化思潮对封建礼教总批判的先声。

值得一提的是，在辛亥革命期间，一些思想进步的知识分子并没有停留在单纯对程朱理学进行政治上的批判上，而是运用近代的学术思想和方法，对包括程朱理学在内的传统儒学进行批判性

---

① 谭嗣同：《仁学》，《谭嗣同全集》下册，中华书局 1981 年版，第 336 页。

② 同上书，第 301 页。

的清理、研究，从一个新的角度审视它的利弊得失，从而把政治批判延伸为学术批判。1910年(宣统二年)，蔡元培写成《中国伦理学史》一书，用近代伦理学的理论观点对中国传统伦理思想及学说进行了系统性的研究。作者把中国的伦理学的发展分成三个时代，即"先秦创始时代"、"汉唐继承时代"和"宋明理学时代"，并对宋明理学予以高度的重视。在谈到宋明理学的问题时，作者着重强调了它的"思想之限制"的消极作用，基本倾向是抑程朱、扬陆王，这是晚清时期革命知识分子采取的一个共同性立场。如作者对宋理学迷信孔子的态度作了抨击，说：

宋儒理学虽无不旁采佛老，而终能立，凝成儒教之功者，以其真能以信从之教主之仪或对于孔子也。彼等于孔门诸子，以至孟子，皆不能无微词，而于孔子之言，则不特不敢稍违，而亦不敢稍加以拟议，如有子所谓夫子有力而言之者。又其所是非，则一以孔子之言为准。……其笃信也如此，故其思想皆有限制。……是为研究之对象，初未尝有稍萌改革之思想者。[①]

对宋学的集大成者朱熹，作者颇有微词，评价道：

彼(引者按：指朱熹)于孔子以前之说，务以诂训沟通之，使无与孔教有所龃龉；于孔子以后之学说若人物，则一以孔教进退之。……而其为说世，矫恶过于乐善，方外过于直内，独断过于怀疑，拘名义过于得实现，尊秩序过于求均衡，尚保守过于求革新，现在之和平过于未来之希望。[②]

---

① 《蔡元培全集》第2卷，中华书局1984年版，第74—75页。

② 同上书，第93页。

蔡把朱熹看成是一位保守的思想家。而对陆王一派,他则提出另外一番评价,他说:“陆学近乎师心,而以其不胶成见,又常持物我同体知行合一之义,乃转有以通情而达理,故常足以救朱学末流之弊也。”①

《国粹学报》在1905年(光绪三十一年)创刊后,发表过一系列评论理学的文章,比较集中地反映出当时的国粹派学人对理学的看法。较有代表性的文章如《孟子字义疏义解理字》、《性善性恶》、《东原学案序》、《汉宋学术异同论》、《理学字义通释》、《理学不知正名之弊》等,大都出自于国粹派健将刘师培的手笔。在这些文章中,作者用近代的学术眼光,继承了历史上反理学进步思潮的批判精神,对程朱理学进行了深入的剖析和批判,对理学中的许多概念、范畴作了新的解释。如《东原学案序》中有一段评价宋学的话是这样说的:

> 自宋儒高谈义理,以为人同此心,心同此理,以心为至灵至神之物。见性命道德、仁义礼智,成为同物而异名,故条分缕析,区域未明,不识正名之用。又北宋之初,有孙复、欧阳修诸儒,立论深刻,辨上下以定民志。程、朱继兴,隐崇斯旨,钳制民心,以三纲立教,而名分之说,遂为人主所乐闻,立之学宫,颁为功令,民顺其则不识不知,然祸中生民盖数百年于兹矣。②

这段话不仅从学理上指明了程朱理学“区域未明,不识正名之用”的缺陷,而且从政治上批评了它为封建专制助纣为虐、束缚人心所

---

① 《蔡元培全集》第2卷,第100页。

② 刘师培:《东原学案序》,《国粹学报》第5期,光绪三十一年五月二十日出版。

起的消极作用。

从光绪朝中期起，新兴的资产阶级启蒙思想开始酝酿形成，并对封建专制主义开展理论上的批判，最后汇成一股声势浩大的思想解放的潮流。这股潮流冲击的目标就是以孔孟儒学为代表的封建正统思想学说，程朱理学是其中的重要组成部分，甚至可以说是核心部分。资产阶级维新派、革命派的知识分子对旧学术、旧思想的批判，在很大程度上是针对程朱理学而言的。这是由于程朱理学在中国封建社会后期的特殊社会地位所决定的。作为封建专制政权的官方哲学和护法神，程朱理学不能不成为近代中国进步思潮冲击的主要目标。在历史上，程朱理学曾经多次受到其他学派的挑战，遇到困境，如明代中后期的王学和清代中期的汉学，都一度对它构成威胁。然而王学和汉学的冲击，并没有从思想体系上动摇程朱理学的根基，恰恰相反，经过这些思潮的冲击之后，它往往会度过一段衰退期，重整旗鼓，再度“兴盛”起来。它在清代初期的“复兴”和晚清的“中兴”就是两个明显的例证。清初的理学“复兴”发生在明代王学盛行之后，晚清的“中兴”则是对汉学流行的一种逆动。原因就在于王学和汉学对程朱理学的冲击不过是孔孟儒学内部不同学派之间矛盾冲突的反映。它们之间尽管纷争不已，但从学术体系上来说都属于儒学的一部分，不可能从根本上超越、突破程朱理学。它们之间的学术更替不过是传统儒学内部的一种自我调整，其变化轨迹呈现出一种封闭式的循环状态。晚清的资产阶级思潮对程朱理学的批判则是属于另外一种性质。资产阶级维新派、革命派的代表人物突破了传统儒学思想体系的束缚，提出了与传统儒学截然不同的思想学术体系，拥有了新的思想批判武器。他们的思想学术既有对中国传统思想的继承，又有对西方学术文化的吸收，是中西思想文化融汇的产物，代表了当时中国思想界的领先水平，远非日趋没落的程朱理学所企及。在这种富有朝气的进步思潮的冲击下，程朱理学的衰落则是不可避免的。

结束语

在晚清时期的数十年间，程朱理学经历了“中兴”与衰落的历程，最终伴随着清王朝的垮台而失去了官方哲学的地位。晚清理学固然是承续了宋明和清初时期的理学发展，但它更是晚清社会特定历史条件下的产物，深深打下近代中国历史特点的烙印。程朱理学是传统儒学的一个派别，然而它作为历代封建王朝的官方哲学，又以带有浓厚的政治色彩而区别于其他的学术派别。就晚清时期的情形来看，它所涉及的思想内容不外三个方面：

一是在学术上开展一系列的论辩，抨击陆王之学、汉学和今文经学，极力维持自己的正宗地位，以挽回程朱理学日趋衰落的局势。

二是在坚持孔孟程朱“义理”的前提下，提倡“经世致用”之学，强调道义与事功的统一，注重对“外王”的开掘。不少人本着“修齐治平”的精神，从军从政，着手解决清王朝面临的实际矛盾和问题，诸如用兵、练兵、吏治、漕运、盐政、筹饷、外交等等，使理学带有明显的政治实用的性质。

三是对外来文化的挑战作出相应的回应。外来文化的输入使程朱理学内部发生了新的分化，处于新旧矛盾激烈冲突的旋涡之中。有的固守“夷夏”观，主张完全排斥外来文化；有的提出“中体西用”论，赞成有选择地接纳外来文化，无论是前一种观点，还是后一种见解，都成为其所属的相应派别中的指导思想。

晚清时期的程朱理学尽管没有出现像二程兄弟、朱熹那样的思想大师，也没有成为中国近代学术发展潮流中的主流派别，然而，由于处在理学发展的终结阶段而具有特殊的意义。这种意义在对中国近代思想文化的影响方面得到充分体现。与其他发展阶段相比，晚清理学表现出的一个明显特征就是一个“实”字。当然，“实”的特征不光体现在晚清，在清初的理学中亦有所体现，不过没有后来那样突出罢了。

明末清初的思想家们曾经对中国传统儒学进行过历史性的总结，尤其对明代理学作过深刻的批判。他们的总结和批判尽管见仁见智，各具千秋，但是有一个观点是共同的，即认为理学最重要的弊端就是空疏。无论是顾炎武、黄宗羲，还是王夫之、颜元，都对当时理学界盛行的束书不观、游谈无根的学风嗤之以鼻，作过批评，主张以“实学”来济理学的空疏之弊。“实学”思潮一度在学界大为流行。清初的理学提倡者，如陆陇其、张履祥、李光地、汤斌等人，大都经历过学界对理学流弊的批判，受过“实学”思潮的洗礼，对王学末流的弊端心有余悸，深恐正在复兴的程朱之学也染上此病，于是就把“求实”、“务实”的治学宗旨和精神注入了程朱理学之中。然而，他们强调的“实”主要不是指“治世”，而是指“治学”，即是强调在治义理之学时，对“理、气、性、道”等理学观念的研究，既要潜心阅读儒家典籍，又要付诸道德方面的践履，而避免堕入明末理学“不立文字”、“束书不观”的空疏风气之中。陆陇其、汤斌等人之所以受到清代理学诸儒的推崇，一个重要的原因就是由于他们都具备这种“求实”的学风。张伯行在评价陆陇其时说：

或以陆子为朱子后一人，则余不敢知，然其内圣外王之道、《六经》、《四子》、周程张朱之书思之辨之，既已有素，不可谓非正学之干城也。①

清初学人耿介称汤斌为学“笃志圣贤，潜修默证，内体诸心，外见诸行事，平易确实，不慕高远。于性命之渊微，造化之精奥，虽探讨穷究，而必以日用伦常为可据”。② 大致说来，清初的理学发展有两个值得重视的动向：一是由“王”返“朱”；一是以“实”济“虚”。其代表人物李光地、陆陇其、张伯行等人，一方面尊朱抑王，以朱学之“实”来纠正王学之“虚”，另一方面又用“实学”的观点对程朱之学作了自己的解释。

晚清理学尽管也带有“实”的特征，然而与清初表现出的“实”有所不同。如果说程朱理学在清初表现的“实”体现为“学”，那么在晚清则体现为“政”。从嘉道年间的贺长龄起，理学经世派就提出“义理”与“经济”相结合的主张，后来的曾国藩则把“经济”与义理、考据、辞章并提，把孔门“三科”发展为“四科”，使“政事之科”受到高度的重视。曾国藩、罗泽南之辈不仅以“经世实学”相标榜，而且率先从军从政，实地讲求，积极参与了镇压太平天国起义和举办洋务运动等一系列实际政务活动，竭力为清王朝救偏补弊，取得了一定的成效，建立起所谓“中兴勋业”。这些在“实政”方面的“政绩”是清初的理学家不曾有过的。

清代理学从讲“实学”发展到讲“实政”，主要是由晚清时期特殊的社会矛盾和时代背景所决定的。清朝自乾嘉以后，尤其经过鸦片战争，在日益尖锐的阶级矛盾的基础上，又增添了更为严重的

---

① 张伯行：《思辨录辑要序言》，《思辨录辑要》，光绪三年江宁局重刊本。

② 耿介：《汤潜庵先生斌传》，《清代碑传全集》上册，第97页。

民族矛盾，处于内外交困的窘境之中。这就给正在“复兴”中的理学提出了新的课题，即不仅要解决挽人心、正学术等意识形态领域内的问题，而且还要应付清朝统治在数百年间积累的一系列内政外交上的弊端，施展它在“外王”方面的功能。这种社会政治方面的需要，使许多究心于程朱之学的士人不再仅仅满足于讲求“内圣之学”，只把眼光放在个人道德修养上，而是在讲求“格致诚正”的同时，也分出一部分精力去注意“外王”方面的问题，追求“修齐治平”方面的“实绩”，具备为“君父”排忧解难的实际才干。再加上经过太平天国农民起义和第二次鸦片战争的双重打击，满族贵族势力受到很大削弱。为了维持摇摇欲坠的统治地位，清朝统治集团不得不借助于汉族地主阶级地方势力的力量，在政治、经济、军事等方面向这批人作了很大让步。统治阶级中出现的这种内部关系的调整，给理学经世派在政治上的崛起，并在“外王”方面施展自己的才干提供了机会。晚清理学注重“实政”的特征既是对清初理学“实学”精神的继承，也是时代所使然。

晚清理学的时代特征是中国历史文化传统和现实社会矛盾共同作用的结果，它所产生的影响也是多方面的和复杂的。晚清时期虽然是程朱理学发展历史中的终结阶段，但其官方哲学的性质和作用并没有受到丝毫影响。它在咸同时期的“中兴”不是一种孤立的学术现象，而是清王朝为应付统治危机采取的自救措施，是社会政治变化在学术领域中的反映。晚清理学中的两个派别，包括主敬派和经世派，都把维持封建礼教、效忠于清朝的政治信条放在一切活动的首位，兼有学术派别与政治派别的双重身份。这就决定了理学“中兴”造成的直接后果就是强化了封建势力在思想上和政治上的统治力量。这种消极作用在曾国藩之辈镇压太平天国农民起义、倭仁等人阻挠办洋务,以及戊戌维新期间封建守旧派攻击资产阶级维新思想的活动中充分发挥出来。毋庸置疑,程朱理学在晚清的“振兴”,给清王朝衰朽的政治肌体注射了一剂强心针,加强了封建地主阶级在意识形态方面的控制力,表现了封建文化的顽固性。

从学术的角度来看,晚清理学在学理方面无甚建树。无论是理学主敬派,还是理学经世派,都缺乏理论上的创造精神。他们尽管论及到一些哲理问题,但大都停留在程、朱、陆、王论辩学术的水平上,多是重复前人已经讨论过多次的陈旧话题,没有提出多少新观点。在这方面,理学主敬派的局限性表现得尤其突出。他们极力推崇程、朱,墨守程、朱之学的教条,认为孔、孟、程、朱已经解决了千古学术的一切问题,后人只要恪守他们的现成结论,不需要进行任何创造和发挥。正如贺瑞麟所说:

> 窃谓千古学术,孔孟程朱已立定铁案,吾辈只随他脚下盘旋,方不错走了路。①

“只随他脚下盘旋”一语,活生生地刻画出理学士人保守僵化的心态。这与乾嘉汉学“凡汉必信,凡古必真”的复古守旧学风如出一辙。他们还与晚清学界日趋开化、诸学交融的趋势相悖离,公开反对不同学派之间的互相借鉴,提倡门户之别。贺瑞麟说:

> 此为学先要辨别路途门户。今人讲学者动谓不可有门户之见,便见不是真心向圣贤路上来,若真心为圣贤,岂可不寻圣贤真门户。②

---

① 贺瑞麟:《答蒋少园书》,《清麓文集》卷7,第14页。
② 贺瑞麟:《清麓答问》卷4,第30页。

贺提倡的“门户”就是独尊程朱理学。他还说：

> 近又思不分门户之说，在当时讲程朱之学者，以为理当恪守程朱，不可分门别户。①

任何一种学派的发展，除了要有适应它存在的社会环境之外，它本身还必须具有较强的生命力。这种生命力不仅表现为理论上的创造性，而且还表现为不讲门户，勇于兼收并蓄，具有吐吞百川的气魄和胸怀。这样才能不断地从其他学术那里汲取于己有益的营养，丰富自己，充实自己，保持理论之树的常青。而晚清理学主敬派恰恰相反，把自己限制在一个狭小的圈子内，形成一个封闭的思想体系，终于陷入停滞、僵化的泥潭而不能自拔。在此期间，理学经世派一度提出以义理为主、兼习他术的主张，甚至在一定的程度上还融合了西艺，表现出了一定的兼容性，给晚清理学带来了某种活力。然而，这种活力只是表现在“事”上，并未体现在“理”上。也就是说，理学经世派只是在治世能力上比主敬派更务实、更灵活，对程朱理学只在表层结构作了有限度的调整，但是对理学深层结构的内容，依然一仍其旧，原封照搬，未作丝毫变通。这种“变器不变道”的做法虽然给程朱理学带来昙花一现般的“中兴”，但是不能从根本上改变理学僵化的状态，根治它的痼疾。

不过，我们也要看到，程朱理学不仅是中国封建社会后期的官方哲学，也是封建文化在这个时期的集中代表。它的形成发展不仅在于有封建统治者的扶植，也反映着中国传统文化在这数百年间的积淀。中国古代文明折射的投影同样显现在这一学派上面。应该说，程朱理学与其他传统思想一样，既有糟粕，也有精华；既有

---

① 贺瑞麟：《答王逊卿书》，《清麓文集》卷19，第65页。

必须扬弃的成分，又有值得保留和肯定的合理因素，不能用否定一切或肯定一切的态度来对待。

在晚清，理学主敬派空谈性理，大张门户不足为训。理学经世派熔“义理”与“经济”为一炉，发挥了传统思想中的应变性与务实精神，这就不能全部否定。理学的许多思想观点在近代虽然已经过时，但有些观念一度被进步知识分子作了新的解释，赋予了新的内容，继续起着积极作用。“格物致知”一语就是如此。当时的一些从事自然科学研究的知识分子把这个概括理学家强调体认天理的词汇，与西方自然科学的实验方法联系起来，给这个古老的词汇赋予了近代科学的内涵。从此，“格物致知”不仅包括道德方面的认识行为，而且包括了对自然科学的认识。“格致学”一度成为“科学”的代名词。理学家强调的“夷夏之辨”等观念，从本质上来说是落后的、陈腐的，但也能在一定的情况下起到积极作用。唐鉴弹劾琦善、耆英误国，于荫霖（倭仁弟子）奏参崇厚媚外，以及许多在民族斗争中表现坚决的爱国者，或多或少都受到这些观念的影响。至于理学家所宣扬的那套道德修养理论，如果能用近代的科学观点，剔除其中的封建主义糟粕，对于培养人的美好道德情操也是不无裨益的。

如果纵观理学发展的全部历史，人们不难发现晚清理学在开“外王”方面所具有的特殊意义。晚清以前的理学各派，包括程朱派和陆王派，多只注重“内圣”之功，不大讲求“外王”之业。相比之下，王阳明在“事功”方面还是有所作为的。然而，与晚清理学经世派的“事功”比较起来，王氏的作为仍逊一筹。现代新儒学大师熊十力曾经把曾国藩与王阳明进行过比较，认为王阳明在个人的才干、智慧方面高于曾国藩，但在“事功”方面则不及曾氏。原因在于王氏重内轻外，逐本弃末。熊十力说："阳明非不知本末、体用，乃至一身与民物，皆不相离。然而其全副精神，毕竟偏注在立本，乃至偏注在修身。这里稍偏之处，便生出极大的差异。"①其结果直接导致"承学之士皆趋于新学，甚至流为狂禅，卒无留心实用之学者"。② 与王阳明偏于"治内"不同，曾国藩在"治内"、"立本"的同时，没有忽视"治外"与"事功"，做到了"本末兼备"，在一定的意义上纠正了理学偏于"治内"的偏颇。熊十力评价说：

> 若及涤生，三十二《圣哲画像记》，以义理、考据、经济、词章四科并重。其为学规模，具见于此，其精神所注，亦见于此。但虽主四科并重，而自己力之所及，终贵乎专。涤生于经济，盖用功尤勤。其诏诸子，恒以农桑、盐铁、水利，或河工、海防、吏治、军事、地理、历史等等专门之业，淳淳然督之以博学。此皆属社会科学的范围，皆实用的知识。自其为诸生，以至官京师，皆孜孜研讨，并与其子弟以及朋友、学生互相淬励。一旦领军，又留心四方可造之士，置之左右，幕府而兼学校，将帅而兼师道。其全副精神都在致实用，求实学。故其成就者众，足以康济一时，而收效与阳明迥异者，唯其精神所专注不同故也。③

这段话对曾国藩的"义理经济"合一思想及其活动作了较为全面的概述，探讨了曾氏与王阳明在治学与事功方面"迥异"的原因。其评价是十分中肯的。按照这个思路，熊十力对程朱理学逐渐走向衰败的原因作了进一步探讨，认为清代以前的理学各派大都没有处理好"内圣"与"外王"的关系，简单说来就是偏于"治内"，疏于

① 熊十力：《与贺昌群书》，《天然》第1卷第7期，1980年7月出版。

② 同上。

③ 同上。

“治外”，没有把主要精力放在“开外王”方面，荒废了“事功”，以致滋生了空疏虚妄的弊端，贻害于后世。对此，他发表过一大段精彩的论述。为说明问题起见，现不计其冗长，兹录于下：

宋儒虽谈政事，大抵食古不化。二程、朱子委之吏事，不患无济，唯其能以诚心作实事故也，但欲其翻天动地，创制易俗，开物成务，以利民用，则其学与识皆不足。何以故？其精神所注，终不在此。西洋改造之雄，与夫著书立说，谈群理究治术之士，皆以其活泼泼地的全副精神，上下古今，与历观万事万物，而推其得失之由，究夫万变之则。其发明真理，持以喻人，初若奇说怪论，久而知其无以易也，如君民问题、贫富问题、男女问题，乃至种种皆是也。中国独有《春秋公羊》家言，为得孔门宗旨，而宋儒何足语于是耶？虽辨王伯，明义利，未始不通太平义，然但确法陈言耳，非精察群变之纷纭奇诡，终不足与言真常道理。宋儒反身工夫甚密，其干察世变，皆极肤也，至今诵其政谈，鲜不惑其迂纯。有一王荆公较为奇特，而不能容。温公执拗无识，尤为可笑。二程、朱子皆不满荆公，其识不足以及之故也。周元公尝曰：“天下势而已矣。”可谓精识，然而其精神不属于世务方面，故于群理终无发抒。……宋儒于事功方面，自是无足称者。……孔子内圣外王的精神，庄子犹能识之，至宋明诸师，而外王之学遂废。自此，民族愈益式微，此非我辈今日之殷鉴耶！夫以学业言之，人生精力自有限，长于此者，短于彼，然识量所涵则不当拘此而遗彼也。宋明诸师识量不免有所拘，而有所遗。[①]

① 熊十力：《与贺昌群书》，《天然》第1卷第7期。

熊氏在这里批评“食古不化”、重内轻外的缺陷，不仅存在于宋明理学之中，而且也是整个传统儒学固有的顽症。其对中国传统学术的反省可谓一针见血。传统学术的这种偏颇助长了中国封建社会后期重道德轻事功、务虚不务实的社会风气，把人们的精力都引向个人道德修养和调整社会人伦关系方面，而忽略了解决人及社会与自然之间的关系，以致形成了讳言功利、偏重道德的社会价值的取向。中国封建社会后期经济停滞、科技落后、社会发展缓慢的一个重要内在原因就在于此。从这个意义上讲，晚清理学经世派在“义理”与“经济”合一的旗号下，强调“本末兼备”、“体用并举”，把较多的精力用于对“外王”的开掘方面，注重追求“事功”，对于纠正宋明理学的偏颇是有所裨益的，不能不说是对理学发展作出的新贡献。

历史的发展已经证明，医治传统儒学的痼疾，纠正它的陈年积弊，光靠传统儒学自身的力量是不能完成的。传统儒学只有经过近代科学思想的批判、清理和改造，才能剔除其糟粕，发扬其精华，从根本上改变传统儒学重内轻外的偏颇。理学经世派对理学的修正只是传统儒学自身的一种调节，根本无法做到这一点。然而，他们所做的努力不仅对程朱理学的自身完善起到一定程度的补救作用，而且给后人总结传统儒学的历史经验提供了启示和借鉴。从前文所引的熊十力的有关论述可以看出，民国年间形成的现代新儒学高度评价了晚清理学在“开外王”方面的积极意义，肯定了它的不少合理之处，并吸收了其中的一些观点，作为重新开掘新儒家的“内圣外王”之业的精神养料。可见，晚清理学的影响和作用是不应被忽视的。实事求是地对它进行研究和总结，无疑是当前学术界应当开展的一项有意义的工作。

参考文献

一、文献资料

《大清仁宗睿皇帝实录(嘉庆)》,台湾文华书局 1964 年影印本。

《大清宣宗成皇帝实录(道光)》,台湾文华书局 1964 年影印本。

《清实录·穆宗毅皇帝实录》,中华书局 1987 年版。

王先谦:《十二朝东华录》,台湾文海出版社 1963 年版。

朱寿朋:《光绪朝东华录》,中华书局 1984 年版。

刘锦藻:《清朝续文献通考》,民国年间上海商务印书馆印本。

赵尔巽纂:《清史稿》,中华书局 1977 年版。

王钟翰点校:《清史列传》,中华书局 1987 年版。

《清代碑传全集》,上海古籍出版社 1987 年版。

中国史学会编:《太平天国》(中国近代史资料丛刊),神州国光社 1952 年版。

中国史学会编:《洋务运动》(中国近代史资料丛刊),上海人民出版社 1961 年版。

中国史学会编:《戊戌变法》(中国近代史资料丛刊),神州国光社 1953 年版。

中国史学会编:《辛亥革命》(中国近代史资料丛刊),上海人民出版社 1981 年版。

《清末筹备立宪档案史料》,中华书局 1979 年版。

张枬、王忍之编:《辛亥革命前十年间时论选集》,三联书店 1977 年版。

徐珂:《清稗类钞》,中华书局 1984 年版。

黄濬:《花随人圣庵摭忆》,上海古籍出版社 1983 年版。

徐世昌:《清儒学案》,中国书店 1990 年影印本。

《鸦片战争时期思想史资料选辑》,中华书局 1963 年版。

湖南省文献委员会:《湖南文献汇编》,1949 年版。

《广方言馆全案》,中国科学院图书馆藏本。

程颢、程颐:《二程集》,中华书局 1981 年版。

朱熹:《晦庵先生朱文公文集》,清末上海涵芬楼影印本。

黎靖德编:《朱子语类》,中华书局 1986 年版。

陆九渊:《陆九渊集》,中华书局 1980 年版。

吴光等编校:《王阳明全集》,上海人民出版社 1992 年版。

顾炎武:《亭林文集》,宁波山隐居校刻本。

孙奇逢:《理学宗传》,光绪六年浙江书局刊本。

黄宗羲:《明儒学案》,中华书局 1985 年版。

黄宗羲:《宋元学案》,中华书局 1986 年版。

李光地:《榕村全书》,道光九年刊本。

张伯行:《思辨录辑要》,光绪三年江宁局刊本。

章学诚:《文史通义校注》,中华书局 1985 年版。

姚鼐:《惜抱轩全集》,中国书店 1991 年版。

戴震:《孟子字义疏证》,中华书局 1982 年版。

沈垚:《落帆楼文集》,民国七年吴兴刘氏嘉业堂刻本。

潘德舆:《养一斋集》,同治十一年刻本。

李元春:《时斋文集初刻》,道光四年刻本。

路德:《柽华馆文集》,光绪七年刻本。

方东树:《汉学商兑》,光绪八年四明花雨楼刻本。

方东树:《仪卫轩文集》,同治七年刻本。

江藩:《国朝汉学师承记·国朝宋学渊源记》,中华书局1983年版。

严如熤:《乐园文钞》,道光年间刊本。

贺长龄:《耐庵文存》,光绪八年刻本。

龚自珍:《龚自珍全集》,中华书局1959年版。

魏源:《魏源集》,中华书局1976年版。

陈庆镛:《籀经堂类稿》,光绪九年刻本。

黄舒昺:《国朝先正学规汇钞识语》,同治七年刊印本。

吴嘉宾:《求自得之室文钞》,同治五年广州刻本。

宗稷辰:《躬耻斋文钞》,咸丰元年刻本。

唐鉴等:《四朝学案·清儒学案小识》,民国二十五年世界书局版。

唐鉴:《唐确慎公集》,光绪元年刻本。

邵懿辰:《邵位西遗文》,同治四年刻本。

邵懿辰:《礼经通论》,仁和邵氏戊辰孟夏刻本。

罗泽南:《罗山遗集》,同治二年长沙刻本。

罗泽南:《姚江学辨》,同治二年长沙刻本。

罗泽南:《人极衍义》,同治二年长沙刻本。

刘廷诏:《理学宗传辨正》,同治十一年六安求我斋校刻本。

朱琦:《怡志堂集》,同治三年京师刻本。
倭仁:《倭文瑞公遗书》,光绪间刻本。
李棠阶:《李文清公遗书》,光绪八年河北道置刊本。
李棠阶:《李文清公日记》,民国四年天津刻本。
曾国藩:《曾国藩全集·诗文》,岳麓书社 1986 年版。
刘蓉:《养晦堂文集》,光绪三年思贤讲舍刻本。
吴廷栋:《拙修集》,同治十年六安求我斋刻本。
朱文炑:《慎甫文存》,咸丰三年长沙丁氏刻本。
朱文炑:《从学札记》,清末刻本。
何桂珍:《何文贞公遗书》,光绪十六年刻本。
苏源生:《大学臆说》,咸丰十一年刻本明德堂藏版。
郭嵩焘:《大学章句质疑》,光绪十六年思贤讲舍刻本。
李元度:《天岳山馆文钞》,同治年间文光堂刻本。
李元度:《国朝先正事略》,岳麓书社 1991 年版。
夏炘:《景紫堂全书》,同治年间刻本。
夏炘:《檀弓辨诬》,咸丰五年刻本。
夏炯:《夏仲子集》,民国十四年铅印本。
方宗诚:《志学录》,光绪三年刻本。
方宗诚:《伯堂遗书》,光绪八年刻本。
方宗诚:《吴竹如先生年谱》,光绪四年畿辅志局刻本。
陈澹然:《方柏堂先生事实考略》,清末活字印本。
翁同龢撰、陈义杰点校:《翁同龢日记》,中华书局 1989 年版。
张裕钊:《濂亭文集》,光绪八年刻本。
黎庶昌:《曾国藩年谱》,岳麓书社 1986 年版。
罗正钧等编:《湘军人物年谱》,岳麓书社 1987 年版。

贺瑞麟:《清麓文集》,民国七年刻本。

贺瑞麟:《清麓遗语》,民国七年刻本。

贺瑞麟:《清麓答问》,民国七年刻本。

曾纪泽:《曾纪泽遗集》,岳麓书社 1983 年版。

朱次琦:《朱九江集》,光绪年间简氏读书草堂刻本。

高均儒:《续东轩遗集》,光绪七年刊本。

朱克敬:《柔远新书》,光绪七年长沙刻本。

薛福成著、丁凤麟编:《薛福成选集》,上海人民出版社 1987 年版。

丁晏:《颐志斋文集》,清末刻本。

顾广誉:《悔过斋文稿》,咸丰七年刻本。

孙宝瑄:《志山庐日记》,上海古籍出版社 1983 年版。

豫师:《汉学商兑赘言》,光绪十三年刻本。

万斛泉:《尉山堂稿》,光绪三十二年叠山书院刻本。

赵炳麟:《赵伯严集》,民国十一年铅印本。

刘体仁:《异辞录》,上海书店 1984 年影印本。

于荫霖:《于中丞遗书》,民国十二年北京刻本。

于翰笃:《于荫霖行述节略》,光绪年间刻本。

黄嗣东:《道学渊源录》,台湾明文书局 1985 年版。

朱一新:《无邪堂答问》,清末广雅书局刻本。

张之洞:《张文襄公全集》,民国十七年北平文华斋刻本。

康有为:《长兴学记·桂学答问·万木草堂口说》,中华书局 1988 年版。

《康有为全集》(1—3 册),上海古籍出版社 1987—1992 年出版。

《谭嗣同全集》,中华书局1981年版。

方浚颐:《梦园丛说》,同治十三年扬州刻本。

沈源深:《劝学浅语》,光绪二十六年求实书院刻本。

苏舆:《翼教丛编》,光绪二十四年武昌重刻本。

皮锡瑞:《经学通论》,中华书局1954年版。

皮锡瑞:《经学历史》,中华书局1959年版。

刘师培:《刘申叔先生遗书》,民国二十五年宁武南氏铅印本。

容闳:《西学东渐记》,湖南人民出版社1981年版。

《申报》,同治十三年出版。

《格致汇编》,光绪二年出版。

《国粹学报》,光绪三十二年出版。

二、近人著述

梁启超:《清代学术概论》、《中国近三百年学术史》,《饮冰室合集》,中华书局1989年影印本。

钱基博等:《近百年湖南学风·湘学略》,岳麓书社1985年版。

胡适等编辑:《张菊生先生七十生日纪念论文集》,民国二十六年商务印书馆版。

徐宗泽:《明清间耶稣会士译著提要》,中华书局1949年版。

钱穆:《中国近三百年学术史》,中华书局1986年版。

钱穆:《朱子新学案》,巴蜀书社1986年版。

冯友兰:《中国哲学史》,中华书局1984年版。

侯外庐:《中国思想通史》,人民出版社1960年版。

侯外庐等主编:《宋明理学史》上卷,人民出版社1984年版。

杨向奎:《清儒学案新编》,齐鲁书社 1985 年版。

罗尔纲:《湘军兵志》,中华书局 1984 年版。

邱汉生:《四书集注简论》,中国社会科学出版社 1980 年版。

贺麟:《五十年来的中国哲学》,辽宁教育出版社 1989 年再版。

张立文:《宋明理学研究》,中国人民大学出版社 1985 年版。

汤志钧:《近代经学与政治》,中华书局 1989 年版。

李侃:《近代传统与思想文化》,文化艺术出版社 1990 年版。

龚书铎:《中国近代文化探索》,北京师范大学出版社 1988 年版。

张舜徽:《清儒学记》,齐鲁书社 1991 年版。

陈祖武:《清初学术思辨录》,中国社会科学出版社 1992 年版。

赵吉惠等编:《中国儒学史》,中州古籍出版社 1991 年版。

高令印、陈其芳:《福建朱子学》,福建人民出版社 1986 年版。

马宗霍:《中国经学史》,上海书店 1984 年版。

余英时:《中国思想传统的现代诠释》,江苏人民出版社 1989 年版。

后　　记

《晚清理学研究》是我在十余年以前攻读博士学位时所作的学位论文。俗话说，“饮水思源”。当我在作这篇“后记”，回顾当年撰写此文的情形时，我不能不首先提起我的业师龚书铎教授。

1988 年，我作为北京师范大学历史系的在职博士生，师从龚书铎授教攻读中国近代文化史。他也是我读硕士学位的导师。先生当年循循善诱、耳提面命的许多感人情形，至今依然历历在目，令人难以忘怀。比如选择论文题目，我清楚地记得他提出的“选题三原则”：一是要看选题是否有研究的学术价值和现实意义；二是要看资料是否充实；三是要掌握学术界的研究动态。正是受到先生的启发和鼓励，我才有勇气把“晚清理学”这样一个颇具挑战性的研究领域作为自己撰写博士学位论文的选题。

在先生的精心指导下，我开始忙于搜集、研读资料，构思文章内容结构。晚清理学是当时学术界研究比较薄弱的领域。在我确定题目、开始了解以往学界研究状况时，我发现，除了曾国藩、倭仁等少数晚清理学代表人物有一些成果外，晚清理学的许多重要问题几乎无人问津，诸如晚清理学的基本状况、发展脉络、时代特点等比较宏观的问题即是如此。正如先生在本书序言中所说：对于晚清理学，“除个别人物如曾国藩外，其他几乎没有多少涉及，连基本面貌也不甚了了，更谈不到系统的学术专著。”鉴于这种情形，我采用了纵横交错的写法来反映论文的主题。第一章“晚清理学兴衰概述”以时间发展为序，从纵的方面勾勒晚清理学兴衰的历史背景、发展线索、兴衰变化及其结局。以下四章则阐述横向方面的问题，即分别论述理学内部变动及理学与晚清其他学术思潮的互动关系，涉及到理学中的程朱与陆王之辨、理学与汉学、理学与经世致用之学、理学与西学等多种学术思潮的关系问题，试图通过截取晚清理学发展中的几个横断面的研究，揭示其内在变化规律、时代特点，以便较为准确地认识它的历史定位与历史价值。通过纵横交错的阐述，既可从纵向勾画出晚清理学的发展脉络，又可从横向透视晚清理学发展中的一些重要问题，力求做到“脉络清晰，重点明确”。当然，是否做到这一点，最终还是要由读者来下判断。这样，几经寒暑，阐幽发微，终将论文杀青。

这段时间里，使我感受最深的就是先生在指导论文撰写过程中表现出的科学严谨、一丝不苟的治学精神。哪怕是一个名词、一条材料、一个标点的使用疏忽，他都不予放过，严肃指正，谆谆嘱咐做学问要切忌浮躁，写文章须字斟句酌。这种严谨、求实的治学态度是每一个史学工作者都应该具备的起码素质，也是我在撰写博士论文过程中获取的最重要的收益。如今，我也做了研究生的导师，在指导学生学习时，我都尽力贯彻当年从先生那里获得的教益，而不敢有丝毫懈怠。同样令我难以忘怀的还有中华书局的李侃教授、中国人民大学的胡绳武教授、清华大学的刘桂生教授和钱逊教授、北京师范大学的刘家和教授和张守常教授等诸位学术前辈的悉心指教。他们对我的论文提出许多宝贵意见，并出席了论文答辩会。能够得到众多名家的指点，令我备感荣幸。

博士论文通过答辩后，被列入了台湾文津出版社编辑的“大陆地区文史哲博士论文丛书”，于1994年由该出版社出版了繁体字本。1996年，该论著获北京市第四届哲学社会科学优秀成果二等奖。论文出版后，不时有好友与同仁来函索求，但由于出版社印刷数量少，且在境外发行，一时无法满足众多索求者的要求，留下不少遗憾之事。此事至今思来，歉意不免油然而生。欣逢北京师范大学历史学院与商务印书馆合作编辑出版《北京师范大学史学文库》，为学院教师发表学术著作提供了有利的契机，同时也是对于我校历史学科群体学术实力的一个展示。这确是一项富有远见且有利于学术事业发展的好举措。经过《文库》编委会的审查，我的这部旧作被忝列其中，这无疑是对于我从事学术研究工作的一种肯定和鼓励。值此旧作出版之机，我不仅要向龚先生以及上文提到的各位先生表示最真挚的谢意，而且也向《北京师范大学史学文库》、商务印书馆的编辑致以深深的谢意！

这次出版的《晚清理学研究》，除对校正引文中发现的错误作了必要的订正和补充了个别材料外，基本上保持了它的原貌。书首依然冠以先生在十余年前撰写的序文。从当年论文杀青到今日再版，已逾十余春秋。这期间，世事变迁，沧海桑田。晚清理学在昨日尚为鲜有问津者的领域，而在今日已经受到诸多学者的关注。笔者才疏学浅，旧作中不当之处本来就多，而那些在昔日看来尚属经得起推敲的观点，而到今日已经时过境迁，也未必尽属得当。平心而论，此次再版者，不过为一粗陋之“批判稿”而已。惟愿此书出版后，能够听到更多的批评意见，诚使学界同仁切磋琢磨，同学共勉，致力于繁荣祖国史学园地的神圣事业。

作者识

2006年12月于北京师范大学历史学院